CHANGE2XPERT: RELEVANZ DER FÜHRUNG IM CHANGE MANAGEMENT

Ängste überwinden und die Vision eines erfolgreichen KMUs leben

Ursula Michaela Schibl, MSc

Impressum © 2024 Ursula Michaela Schibl, MSc

Bilder und Grafiken: Vorlagen von www.canva.com
Bearbeitung und Gestaltung durch die Autorin.

Dieses Buch ist all jenen Menschen gewidmet, die bereit sind, sich für ihren persönlichen beruflichen Werdegang weiterzubilden, um ihre Lebensziele zu erreichen. Ein besonderer Gruß geht an alle Führungskräfte und diejenigen, die diesen Weg einschlagen möchten, sowie an alle Mitarbeiter*innen, dass deren Vorstellungen und Erwartungen an Leadership sich erfüllen mögen.

Ebenso möchte ich diese Gelegenheit nutzen, um mich bei meinem Ehemann zu bedanken. Er hat mich nicht nur während meines Studiums unterstützt, sondern war stets meine Motivation, mein Mutmacher - der Wind unter meinen Flügeln.

INHALT

ÜBER DIE AUTORIN

 Ursula Michaela Schibl, geboren am 27. Juni 1967 in Wien und derzeit wohnhaft in Korneuburg, Niederösterreich, ist eine Persönlichkeit im Bereich angewandtes Unternehmensmanagement. Mit einem akademischen Titel als Master of Science und einer vielseitigen Berufserfahrung hat sie sich einen festen Platz als Expertin für erfolgreiches Leadership und fundiertes Change Management erarbeitet.

Ihre Karriere erstreckt sich über verschiedene Branchen, darunter Tourismus und Gastronomie, Druck- und Verlagswesen, Handel B2B, Medizintechnik sowie Logistik- und Lagerwirtschaft. In ihrer Laufbahn hat sie sowohl als Logistik- und Supply Chain Managerin als auch in leitenden Positionen der Geschäftsführung ihre Erfahrung und Kompetenz unter Beweis gestellt. Sie wird nicht nur für ihre professionelle Expertise geschätzt, sondern auch für ihre soziale Kompetenz und ihre erfolgreichen Visionen, die sie in die Gestaltung flexibler Lösungen einbringt.

Als Gründerin von "Change2Xpert Ursula Michaela Schibl, MSc – Transformationscoaching" (https://www.change2xpert.at) setzt sie ihre Leidenschaft und Expertise ein, um Führungskräfte und Unternehmen auf dem Weg zu nachhaltigem Erfolg zu begleiten. Ihre Leistungen wurden durch Auszeichnungen wie die Top 3 Wahl als "Logistik ManagerIn des Jahres 2019" (https://www.verkehr.co.at/logistik-wahl/wahl-2019/ursula-schibl) durch eine internationale Jury der Fachzeitschrift VERKEHR sowie die Platzierung unter den Top 10 beim HERMES

Wirtschaftspreis in den Jahren 2020 und 2021 in der Kategorie "Frauen geführte Unternehmen" gewürdigt. Ursula Michaela Schibl verkörpert nicht nur eine erfahrene und erfolgreiche Unternehmerin, sondern auch eine Mentorin, die durch ihre Transformationsexpertise und ihr Coaching einen bleibenden Einfluss auf die Welt des Leadership und Change Managements in KMU ausübt.

VORWORT

Verfasst von Christian Zulehner, MBA

https://www.zulehner-promotion.at/

Die rasante Dynamik unserer Zeit, in der der Globus gefühlt doppelt so schnell zu rotieren scheint und sich wirtschaftliche Anforderungen sowie Marktbearbeitungsstrategien ständig wandeln, erfordert von uns allen, uns kontinuierlich weiterzubilden, um mit den neuesten Entwicklungen Schritt zu halten. Selbst als erfahrener Unternehmens- und Mitarbeiterentwickler bleibt es mir nicht erspart, mich bestens auf die sich stetig verändernden Herausforderungen vorzubereiten. In diesem Kontext bin ich besonders dankbar für qualitätsvolle und aussagekräftige Literatur, die uns bei der Bewältigung dieser Herausforderungen unterstützt.

Die Bitte meiner ehemaligen Studentin Ursula Michaela Schibl, das Vorwort für ihr Buch zu verfassen, war für mich keine Frage des Zögerns. Während unserer gemeinsamen Studienzeit an der FH Wien/WIFI St.Pölten, wo ich die Module Vertriebsmanagement und Unternehmerischer Standort sowie Potenzial- und Engpassanalyse unterrichte, lernte ich Frau Schibl als äußerst engagierte und ehrgeizige Persönlichkeit kennen und schätzen. In ihrer Rolle als Geschäftsführerin eines etablierten Logistikcenters in Wien zeichnete sie sich unter anderem durch ihre erfolgreiche Führung aus. Als Studentin beeindruckte sie mich mit ihrer akribischen und konsequenten Herangehensweise an verschiedene Case Studies sowie bei den abgelegten Prüfungen. Ihr Blick für das große Ganze, die Bereitschaft zur ständigen Weiterentwicklung und die konsequente Umsetzung von Konzepten waren dabei stets präsent.

Beim Lesen des Manuskripts dieses Buches wurde meine Begeisterung von der ersten Seite an erneut entfacht. Die minuziöse Literaturrecherche, die Frau Schibl für dieses Werk durchführte, beeindruckte mich ebenso wie die klare, pragmatische und äußerst authentische Darstellung des herausfordernden und komplexen Themas Leadership im Change-Management Prozess. Dabei flossen nicht nur die Erkenntnisse der Autorin ein, sondern auch interessante Statements von erfahrenen Fachexperten und Buchautoren.

Die gegenwärtige Wirtschaftslage und die ständigen Veränderungen auf den Märkten zwingen Unternehmen und ihre Führungskräfte regelrecht dazu, sich permanent neu auszurichten, bestehende Strategien zu hinterfragen und Führungsmethoden situativ und rasch anzupassen. Der Generationskonflikt und die unterschiedlichen Ansprüche der Mitarbeiter stellen Führungskräfte vor enorme Herausforderungen, wenn es darum geht, ihre Teams für die erforderlichen Change Prozesse zu motivieren und eine konsequente, erfolgreiche Umsetzung zu gewährleisten. Dieses Buch stellt all dies äußerst plausibel, lösungsorientiert und sehr gut verständlich dar.

Es bedauert mich zutiefst, dass dieses Buch in meinen Anfangszeiten als Führungskraft noch nicht verfügbar war. Es hätte mir zweifelsohne viele Stunden des Kopfzerbrechens und Grübelns erspart.

Liebe Frau Schibl, meinen herzlichen Glückwunsch und großen Respekt für dieses gelungene Werk. Den Leserinnen und Lesern wünsche ich viel Freude beim Lesen und die Erkenntnis, dass dieses Buch eine wertvolle Begleitung auf dem Weg zu erfolgreicher Führung in dynamischen Zeiten sein kann.

Einleitung

Willkommen in der faszinierenden Welt von Leadership und Change Management, wo erfolgreiche Transformation nicht nur ein Konzept ist, sondern Realität wird.

Mit dem Buch "Change2Xpert: Relevanz der Führung im Change Management - Ängste überwinden und die Vision eines erfolgreichen KMUs leben" entführe ich Sie, auf eine inspirierende Reise durch die Kernbereiche der Führung und Veränderung.

Die Grundlage dieses Werks bildet nicht nur meine wissenschaftlich erarbeitete Masterthese inklusive einer empirischen Studie, sondern auch meine eigenen beruflichen Erfahrungen und zahlreiche Gespräche mit Führungskräften von kleinen und mittleren Unternehmen (KMU) in Österreich und Deutschland.

Diese einzigartige Kombination aus akademischer Expertise und praktischer Erfahrung verleiht dem Buch eine authentische Note, die weit über theoretische Konzepte hinausgeht. Sie werden nicht nur von bewährten Strategien und praxisnahen Werkzeugen profitieren, sondern auch die emotionale Dimension der Führung im Change Management kennenlernen.

Dieses Buch ist mehr als ein Ratgeber; es ist eine Quelle der Motivation, die Ihre Emotionen anspricht und Sie dazu inspiriert, das volle Potenzial Ihrer Führungskompetenzen zu entfalten.

Entdecken Sie die Welt von "Change2Xpert", wo klare Ziele im Mittelpunkt stehen. Erweitern Sie Ihr Verständnis für die Funktion und Relevanz von Leadership in KMU und erhalten Sie konkrete Handlungs- und Verhaltensempfehlungen, um erfolgreich mit Veränderungen umzugehen.

Die Modellbeschreibungen dienen als wertvolle Werkzeuge, um Ihre Kenntnisse im Change Management zu vertiefen und sie auf die individuellen Bedürfnisse Ihres Unternehmens anzuwenden.

Entdecken Sie Möglichkeiten, die es Ihnen als Führungskraft und angehenden Führungskräften gestatten, bestehendes Wissen zu reflektieren und auf persönlicher Ebene zu ergänzen.

Dieses Buch öffnet außerdem die Türen zu authentischen Einblicken in die tatsächliche Umsetzung von Führung und Change Management in kleinen und mittleren Unternehmen. Erkennen Sie Potenziale zur Verbesserung, finden Sie Gemeinsamkeiten mit theoretischen Modellen und erleben Sie, wie Emotionen eine entscheidende Rolle in diesen Prozessen spielen.

Neben meinen Erfahrungen als Unternehmerin und meiner aktuellen Tätigkeit als Logistik- und Supply Chain Managerin, sehe ich mich auch als Mentorin, Ich möchte mit kompetentem Coaching einen bleibenden Einfluss auf die Welt des Leadership und Change Managements in KMU nehmen.

Die Auszeichnungen als TOP 3 "Logistik ManagerIn des Jahres 2019" und die Platzierung unter den Top 10 beim HERMES Wirtschaftspreis in den Jahren 2020 und 2021 in der Kategorie "Frauen geführte Unternehmen", bestärken mich in meinem Streben.

Nehmen Sie Teil an dieser inspirierenden Reise, in der Theorie und Praxis miteinander verschmelzen. Entdecken Sie, wie Leadership und Change Management nicht nur Konzepte, sondern lebendige Realitäten werden.

Abstract Masterthese

Leadership in österreichischen kleinen und mittleren Unternehmen - Funktion und Relevanz im Change Management

„Speziell die sich aktuell rasch ändernden Anforderungen des Marktes, fortschreitende Globalisierung und Digitalisierung, aber auch der Ruf nach Verringerung des ökologischen Fußabdruckes sowie der Erhöhung der Nachhaltigkeit, fordern Veränderungen bei unternehmerischen Aktivitäten. Auch das Leadership von KMU ist angehalten sich mit dem Fortschritt und Wandel auseinanderzusetzen sowie ihren Beitrag zu leisten und es bedarf Change Management um die Veränderungen erfolgreich zu bewältigen. KMU stehen oft vor der Hausforderung, dass sie nicht ausreichend Human Resources haben und die mit dem Change beauftragten Personen, einer Doppelbelastung ausgesetzt sind. In dieser Arbeit wird untersucht, welche Funktion und Relevanz Leadership in österreichischen KMU im Bereich Change Management hat. Ziel ist es Handlungs- und Verhaltensempfehlungen sowie Modellbeschreibungen für Change Management bzw. für eine erfolgreiche Umsetzung von Change Prozessen zu erarbeiten. Die Ergebnisse sollen Führungskräften in KMU und jenen die es werden möchten, die Möglichkeit bieten, bereits vorhandenes Wissen und Erfahrungswerte zu reflektieren bzw. individuell zu ergänzen. Da es speziell zu diesem Thema verhältnismäßig wenig Fachliteratur gibt, wird nach ausführlichen Recherchen der Theorie, ein repräsentatives Sampling aus Expert*innen, anhand eines Leitfadens und in Form einer qualitativen Erhebungsmethode, in Anlehnung an Mayring sowie Gläser und Laudel, interviewt. Der Auswertungsprozess der Daten erfolgt in Form von strukturierten Inhaltsanalysen. Bereits während der Ausarbeitung der dargelegten Theorie hat sich herauskristallisiert, dass die Thematik ein hohes Maß an Anforderungen an Führungskräfte stellt. Es konnten deutliche Konvergenzen zwischen der wissenschaftlichen Fachliteratur und den Erkenntnissen aus den Expert*innen Interviews festgestellt werden, jedoch kann keine allgemeingültige Aussage bezüglich den für Change Prozesse zuträglichsten Führungsstil getätigt werden. Von den befragten Expert*innen wird jedoch mehrheitlich ein kollaboratives bis konsultatives Führen bevorzugt, wobei der autoritäre Führungsstil nicht ausgeschlossen wird, speziell wenn für das Unternehmen existenzentscheidende Veränderungen notwendig sind. In der aktuellen wirtschaftlichen Situation, hervorgerufen durch die herrschende COVID-19 Pandemie, fühlen sich Führungskräfte sehr gefordert. Veränderungen in den Bereichen Digitalisierung, Arbeitsplatzgestaltung und Online-Verkauf mussten und müssen in einem rasanten Tempo umgesetzt werden und es gilt abzuwarten, ob die bereits umgesetzten Transformationen ausreichend waren oder weitere Anpassungen notwendig werden (Schibl, 2021)."

Ziel des Buches

In diesem Buch stehen klare Ziele im Mittelpunkt, die Ihnen als Leser*in eine umfassende Perspektive auf Leadership und Change Management in kleinen und mittleren Unternehmen bieten sollen.

Der Fokus liegt unter anderem auch auf Erkenntnisgewinnen, die Sie dazu anregen sollen, Vorurteile und Skepsis abzubauen, sowie ein positives Gefühl für die Funktion und Relevanz von Leadership im Kontext des Change Managements zu entwickeln.

Durch konkrete Handlungs- und Verhaltensempfehlungen möchte ich Ihnen mit diesem Buch einen praktischen Leitfaden an die Hand gegeben, der Ihnen helfen soll mit Veränderungen erfolgreich umzugehen.

Verschiedene Modellbeschreibungen sollen Ihnen Einblicke in den theoretischen und praktischen Umgang mit geplanten Veränderungen geben. Sie können von den Erfahrungen anderer profitieren und mit Ihrem eigenen Handeln abstimmen.

Das Buch bietet außerdem Reflexionsmöglichkeiten, die Ihnen helfen sollen, nicht nur vom Change betroffene Mitarbeiter*innen zu verstehen, sondern sie auch erfolgreich durch die Transformation zu führen.

Ein weiteres Ziel ist, authentische Einblicke in die tatsächliche Umsetzung von Führung und Change Management in kleinen und mittleren Unternehmen zu gewähren. Dabei wird nicht nur die Realität des Führungsalltags beleuchtet, sondern auch, wie Veränderungsprozesse im echten Leben praktiziert werden. Es werden Potenziale zur Verbesserung identifiziert und Gemeinsamkeiten mit theoretischen Modellen herausgearbeitet.

Das Hauptziel ist jedoch, eventuelle Ängste, Befürchtungen

und Unsicherheiten abzubauen, die im Zusammenhang von Leadership und Change Management empfunden werden. Weg von negativer Emotion, hin zur Freude an Veränderung und einer inspirierenden Vision.

Das Buch vermittelt praxisnah, wie Leadership in der sich stätig bewegten Welt des Change Managements tatsächlich angewendet wird, und ermöglicht es Ihnen, diese Erkenntnisse in Ihre eigene berufliche Realität umzusetzen.

I. WISSENSCHAFTLICHER DISKURS

Im folgendem Abschnitt stehen Definitionen, Begriffsabgrenzungen und die Präsentation etablierter wissenschaftlicher Literatur sowie Expertenmeinungen der letzten Jahre im Fokus. Die aufbauenden Kapitel, von der Definition kleiner und mittlerer Unternehmen bis hin zu Einfluss und Relevanz von Vision, Ziel und Strategie, dienen als Wissensbasis für neue, adaptierte Lösungsansätze und Verhaltensregeln im Kontext des wissenschaftlichen Diskurses.

In der Welt der kleinen und mittleren Unternehmen sowie im Zeitalter des Wandels wird deutlich, dass fundiertes Basiswissen einen entscheidenden Beitrag zu innovativen Ansätzen leisten kann. Dieser wissenschaftliche Diskurs wird nicht nur fachliche Kompetenz vermitteln, sondern auch als kraftvolle Inspirationsquelle dienen. Das Verständnis für Leadership, die Persönlichkeit von Führungskräften, das Werteverständnis und die Bedeutung von Kompetenzen in Veränderungsprozessen werden präzise beleuchtet. Mit einem klaren Blick auf bewährte Modelle wie Kurt Lewins 3 Phasen Modell, Kotters 8 Phasen Modell, Dunphy and Stace's Typology of Change und Anderson & Andersons Änderungsmodell wird die Essenz erfolgreicher Führung und Veränderungsprozesse herausgearbeitet (Schibl, 2021).

Dieser Abschnitt ermutigt dazu, die umfangreiche Fachliteratur zu durchforsten und sich aktiv mit den vorliegenden Inhalten auseinanderzusetzen. Das Basiswissen, das hier vermittelt wird, bildet nicht nur eine solide Grundlage, sondern auch einen kreativen Ausgangspunkt für innovative Herangehensweisen in der sich stetig wandelnden Unternehmenslandschaft. Tauchen Sie ein in die Welt des wissenschaftlichen Diskurses und gestalten Sie mit diesem erweiterten Verständnis die Zukunft Ihrer unternehmerischen Herausforderungen aktiv mit.

1. Kleine und mittlere Unternehmen (KMU)

Kleine und mittlere Unternehmen in Österreich

Für Klein- und Mittelbetriebe gibt es laut der Wirtschaftskammer Österreich keine verbindliche und eindeutige Definition, deshalb wird in Österreich hierzu die Empfehlung der Europäischen Kommission herangezogen. Die Ursachen, warum in der statistisch gängigen Praxis zur Definition von KMU die Anzahl der Mitarbeiter*innen zur Abgrenzung und Eigenständigkeit herangezogen wird, sind häufig unvollständige Informationen zu Umsatz, Bilanzsumme und Eigenständigkeit (Wirtschaftskammer Österreich [WKO], 2020).

Österreich

Abbildung 1, Klein- und Mittelbetriebe: Definition (Wirtschaftskammer Österreich [WKO], 2023)

Kleine und mittlere Unternehmen in Deutschland

Folgende Angaben entspringen dem Institut für Mittelstandsforschung (Der Mittelstand, BVMW e.V., 2021) und zeigen, dass der Mittelstand auch in Deutschland der Innovations-, Technologie- und Wirtschaftsmotor ist. Er sieht sich ebenfalls als Garant für die stabile Stellung Deutschlands, nicht nur regional, national sondern auch rund um die Welt. Der Mittelstand ist auch ein starker Partner für Großunternehmen. Durch seine Schnelligkeit und Flexibilität, mit welcher der Mittelstand auf die Anforderungen des Marktes reagiert, ist er international nahezu einzigartig. Unter den weltweit ca. 2.700 „Hidden Champions" sind fast 50% davon, Unternehmen des deutschen Mittelstandes. Der Mittelstand besteht zum größten Teil aus KMU. Diese kleinen und mittleren Unternehmen stellen mehr als die Hälfte, aller Arbeitsplätze in Deutschland (Der Mittelstand, BVMW e.V., 2021).

Kleine und mittlere Unternehmen spielen eine wichtige Rolle in der deutschen Wirtschaft. In Deutschland gab es 2021 fast 3,2 Millionen KMU, in denen ca. 56% der in Unternehmen Beschäftigten arbeiteten und trotzdem waren kleine und mittlere Unternehmen nur für 29% des Umsatzes verantwortlich (Statistisches Bundesamt, 2024).

Interessanterweise verzeichneten KMUs in der Reparatur von Datenverarbeitungsgeräten und Gebrauchsgütern den höchsten Umsatz. Diese Daten, basierend auf einer Untersuchung von J. Rudnicka (de.statista.com, 2023), unterstreichen die Vielfalt und Verteilung der KMUs in verschiedenen Wirtschaftszweigen und verdeutlichen gleichzeitig die wirtschaftliche Dominanz von Großunternehmen, insbesondere im Hinblick auf den Umsatzanteil. Eine der größten Herausforderungen für KMU im Jahr 2023 war die Digitalisierung (employer-marketing.com, 2024).

Im Gegensatz zu Österreich gehören für die Bundesregierung alle Unternehmen mit bis zu 499 Beschäftigten und weniger als 50 Millionen Euro Jahresumsatz zu den KMU. Das IfM Bonn kategorisiert in seiner aktualisierten KMU-Definition KMU mit Hilfe von quantitativen Kriterien wie ≤ 50 Millionen € Jahresumsatz und < 500 Mitarbeiter*innen Beschäftigtenzahl (IfM Bonn, 2021).

Deutschland

KLEINSTUNTERNEHMEN	KLEINUNTERNEHMEN	MITTLERE UNTERNEHMEN	(KMU) ZUSAMMEN
bis 9 Mitarbeiter*innen	bis 49 Mitarbeiter*innen	bis 499 Mitarbeiter*innen	unter 500 Mitarbeiter*innen
Umsatz bis 2 Mio. Euro	Umsatz bis 10 Mio. Euro	Umsatz bis 50 Mio. Euro	Umsatz bis 50 Mio. Euro

Abbildung 2, KMU-Definition (IfM Bonn, 2021)

KMU im Zeitalter des Wandels

Mitten in der dynamischen Welt österreichischer Klein- und Mittelbetrieb, die im Zeitalter des Wandels eine zentrale Rolle für die nationale Wirtschaft spielen, wird deutlich, dass diese Unternehmen eine entscheidende Innovationskraft aufweisen.

Laut dem österreichischen Bundesministerium für Digitalisierung und Wirtschaftsstandort (2020) hat sich die Zahl der KMU im Beobachtungszeitraum 2016/2017 um 2,7% auf etwa 337.800 Unternehmen erhöht, und die Beschäftigtenzahl stieg um 2% auf rund 2 Millionen. Diese Unternehmen erwirtschafteten beeindruckende Umsätze von etwa 482 Milliarden Euro, während die Bruttowertschöpfung auf rund 128 Milliarden Euro anstieg. Insgesamt sind KMU eine essenzielle Säule der österreichischen Wirtschaft und verzeichnen eine bemerkenswerte Innovationsrate (Bundesministerium für Digitalisierung und Wirtschaftsstandort [BMDW], 2020).

Die Entwicklung setzte sich 2018 fort, wobei die Umsätze bereits 504 Milliarden Euro betrugen und die Bruttowertschöpfung auf 131 Milliarden Euro stieg. Kleine und mittlere Unternehmen machen beeindruckende 99,6% aller Unternehmen in Österreich aus (KMU Forschung Austria, 2020), und im EU-Vergleich haben österreichische KMU die dritthöchste Innovationsrate, was ihnen den EU-weit höchsten Anteil an umweltfreundlichen Produkten und Dienstleistungen verschafft. Dies unterstreicht ihre Schlüsselrolle für die österreichische Nachhaltigkeit (Bundesministerium für Digitalisierung und Wirtschaftsstandort [BMDW], 2020).

Trotz dieser Erfolge stehen österreichische KMU vor neuen Herausforderungen. Die Covid-19-Krise hat seit Anfang 2020 zu beispiellosen wirtschaftlichen Unsicherheiten und

Turbulenzen geführt. Im Jahr 2022 stiegen die Inflationsraten drastisch an, was zu einem Anstieg der Zinssätze führte und den Zugang zu Finanzmitteln erschwerte. Steigende Energiekosten und Rohstoffpreise setzen die Unternehmen zusätzlich unter Druck (European Commission, 2023). Dennoch attestiert die Europäische Kommission Österreichs KMU-Sektor trotz wirtschaftlicher Einbrüche eine bemerkenswerte Leistung.

Die Innovationsrate der österreichischen KMU, die durch den "European Innovation Scoreboard" (European Commission, 2023) belegt wird, zeigt, dass diese Unternehmen bereit sind, Veränderungen anzunehmen. Wie Seamus O'Brien schon 2015 betonte, ist Flexibilität und Bewusstsein für Marktveränderungen entscheidend, und Innovation und Change Management sind wertvolle Instrumente, um gesteckte Ziele zu erreichen (O'Brien, 2015).

Österreichische KMU zeichnen sich auch durch ihre starke Exportorientierung aus, was durch den KOF Globalisierungsindex 2022 unterstrichen wird. Mit einer Exportquote von 50 Prozent des BIP erreicht Österreich den 7. Platz weltweit. Diese Unternehmen tragen maßgeblich zur Wertschöpfung in Mittel- und Hochtechnologiebereichen sowie wissensintensiven Dienstleistungssektoren bei (Bundesministerium für Arbeit und Wirtschaft, 2023).

Im Bereich e-Government belegt Österreich ebenfalls einen Spitzenplatz und führt die DACH-Region im digitalen Verwaltungsdienstleistungssektor an. Der "Global Entrepreneurship Monitor 2022/23" zeigt, dass Österreich bei den unternehmensbezogenen Förderprogrammen international an erster Stelle steht, (European Commission, 2023).

Inmitten dieser Veränderungen und Herausforderungen zeigen z. B. österreichische KMU ihre Stärke, Innovationsbereitschaft und Exportorientierung. Sie sind nicht nur eine treibende Kraft für die nationale Wirtschaft, sondern auch Vorreiter in Bereichen wie e-Government und unternehmensbezogenen

Förderprogrammen. In diesem dynamischen Umfeld bleiben Flexibilität und Innovationsgeist unverzichtbar, um den Wandel erfolgreich zu gestalten und die beeindruckende Erfolgsgeschichte der österreichischen KMU fortzusetzen.

Herausforderungen bei angestrebten oder erforderlichen Veränderungen

Veränderungen sind der Schlüssel zur Anpassung und nachhaltigen Entwicklung von Unternehmen. Jeder Unternehmer kennt die Bedeutung von Veränderungen, doch sie bringen auch eine Vielzahl von Herausforderungen mit sich. Die zeitnahe Erkennung der Notwendigkeit von Veränderungen und entsprechende, proaktive Maßnahmen sind entscheidend.

Die COVID-19 Pandemie hat eindrücklich gezeigt, wie Unternehmen in existenzielle Krisen geraten können, und Führungskräfte standen unter immensem Druck, wegweisende Entscheidungen für die Zukunft zu treffen. In dieser turbulenten Zeit trennte sich die Spreu vom Weizen: Während einige Führungskräfte agil und flexibel handelten, Hilfe suchten und neue Wege beschritten, gerieten andere ins Hintertreffen, indem sie den Kopf in den Sand steckten und abwarteten.

Ein erfolgreicher Change-Prozess geht über die bloße Planung hinaus und erfordert das Engagement aller Beteiligten. Von einer klaren Vision über smarte Ziele bis hin zu einer sorgfältigen Planung - jedes Detail zählt. Doch entscheidend ist das Commitment aller, um die Veränderungen nachhaltig umzusetzen.

In diesem Kapitel werden wir uns eingehend mit den Herausforderungen befassen, die bei angestrebten oder erforderlichen Veränderungen auftreten können. Wir werfen einen Blick auf die Lehren aus der COVID-19 Pandemie und zeigen auf, wie eine proaktive und flexible Herangehensweise Führungskräften klare Vorteile verschaffen kann.

Im Verlauf dieses Kapitels werden nicht nur meine Einschätzungen, sondern auch Statements von anderen renommierten Autoren und Experten auf dem Gebiet beleuchtet. Lassen Sie uns gemeinsam die Welt des Change Managements betrachten und die Schlüsselprinzipien für erfolgreiche Veränderungen erkunden.

Wirtschaftslage und sich verändernde Märkte

Lars Linnekogel, renommierter Berater in der Transformation und Strategieentwicklung für Unternehmen analysierte bereits 2020 die damalige Wirtschaftslage, welche von der COVID-19-Pandemie geprägt war. Er betonte die Notwendigkeit, den Fokus von bisheriger Prozessoptimierung auf das umfassende Gesamtbild zu richten. In diesem Kontext plädierte er für eine Strategieentwicklung, die nicht nur im Management, sondern im gesamten Unternehmen verankert sein muss. Statt autoritärer Anweisungen soll eine dirigierende Herangehensweise angestrebt werden. Linnekogel forderte zudem multidisziplinäre Teams, die über interne und externe Grenzen hinweg arbeiten, um vielseitige Inputs zu gewährleisten. Experimente sollten nicht einfach verworfen, sondern bei Bedarf korrigiert werden. Unternehmenswerte dienen dabei als Grundlage für die strategische Entwicklung (Strategieentwicklung: 5 fundamentale Veränderungen für Unternehmen, 2020).

Die Märkte haben sich in der Vergangenheit und insbesondere während der COVID-19-Krise verändert, was eine Vielzahl von KMU existenziell bedroht. Klein- und Mittelbetriebe standen und stehen noch immer vor der Herausforderung, sich den Veränderungen in ihrem Geschäftsumfeld zeitnah anzupassen. Linnekogel (2020) betonte schon zu Beginn der Pandemie die Notwendigkeit für Unternehmen, sich mit der Strategieentwicklung in dieser anspruchsvollen Situation auseinanderzusetzen.

Bereits 2011 wurde Change Management als entscheidender Faktor für die Widerstandsfähigkeit von KMU betrachtet (Ates & Bititci, 2011). Im Zuge der COVID-19-Krise waren

Führungskräfte gezwungen, ihre Denkweise zu ändern und zu überlegen, welchen Beitrag sie zur Bewältigung dieser Herausforderungen leisten können.

Leadership ist verantwortlich für die Definition von Visionen und Veränderungen, die notwendig sind, um Unternehmen langfristig zu erhalten. Pascal von Gunten weist in seinem Buch, KMU 4.0: Erfolgreich den Wandel meistern (2020) ebenso darauf hin, dass eine umsetzbare Strategie auf einer klaren Vision und Mission basieren sollte.

Neue Ziele müssen definiert und die erforderlichen Rahmenbedingungen geschaffen werden, damit die mit dem Change Beauftragten und Betroffenen die notwendigen Ressourcen haben, um diese Ziele zu erreichen (Linnekogel, 2020). Diese Ansicht wird ebenso von John P. Kotter, einem der anerkanntesten Experten in Bezug auf Change Management vertreten (Leading Change: Wie Sie Ihr Unternehmen in acht Schritten erfolgreich verändern (Business Essentials), 2013).

Linnekogel (2020) betont jedoch, dass in der Vergangenheit manche Change-Prozesse gescheitert sind, weil die Umsetzung der Theorie in die Praxis mangelhaft war. KMU sind ständig gefordert, sich den komplexen Herausforderungen des unternehmerischen Umfelds anzupassen (von Gunten, 2020).

Aufgrund steigender Komplexität und schneller Veränderungen in den Märkten wird es für Unternehmen immer schwieriger. Leadership muss alle relevanten Kenntnisträger über Hierarchieebenen hinweg einbeziehen, um effizient durch die unsichere neue Welt navigieren zu können. Die Entwicklung von Strategien ist nicht mehr allein dem Management vorbehalten, sondern muss interdisziplinär erfolgen. Zeit ist ein entscheidender Faktor, und Unternehmen müssen Herausforderungen schnell identifizieren, Rahmenbedingungen schaffen, Lösungen entwickeln, testen und bei Bedarf anpassen (Linnekogel, 2020).

Besondere Bedeutung bekommen die Aussagen aus der

Vergangenheit, in Anbetracht der wirtschaftlichen Situation 2023. Basierend auf den vorliegenden Informationen deutet vieles darauf hin, dass die wirtschaftliche Lage im Jahr 2024 weiterhin herausfordernd sein wird. Insolvenzen in verschiedenen Sektoren, insbesondere im Handel und Bau, könnten weiterhin ein Problem darstellen. Der anhaltende Fachkräftemangel könnte die Umsetzung der ambitionierten Klimaziele beeinträchtigen. Hohe Lohnabschlüsse könnten zudem die Inflation antreiben. Obwohl einige Experten ein leichtes Wirtschaftswachstum prognostizieren, bleibt die Unsicherheit groß, und es ist möglich, dass 2024 keine signifikante Verbesserung im Vergleich zu 2023 bringt.

Digitalisierung und Globalisierung

Bereits 2017 belegen Angaben der WKO (Wirtschaftskraft KMU 2018), dass Digitalisierung und Globalisierung voranschreiten und zunehmend alle Lebensbereiche durchdringen. Um sich Wettbewerbsvorteile zu verschaffen bzw. zu nutzen und um konkurrenzfähig zu bleiben, bedeutet das auch für KMU erforderliche Veränderung zu planen und umzusetzen.

In der Zeitschrift ERP Management 1/2019, gehen Tawalbeh, Weißflog und Kloß (2019) davon aus, dass der Trend zur digitalen Transformation kleine und mittlere Betriebe zwingt, sich mit der Thematik auseinander zu setzen. Sie weisen darauf hin, dass neben monetären Herausforderungen und der Evaluierung des Nutzens, KMU sich auch auf eventuelle Widerstände bei ihren Mitarbeiter*innen einstellen müssen. Technologische Veränderungen, speziell wenn sie das operative Geschäft betreffen, können auch wenn sie theoretisch noch so effektiv sind, ihre Wirkung verfehlen, wenn sie von den Betroffenen nicht angenommen werden. Es empfiehlt sich daher, bereits vorab ein Change Management Konzept zu entwickeln, dieses Tool, richtig genützt, kann erfolgsentscheidend sein (Tawalbeh, Weißflog, & Kloß, 2019).

Digitalisierung und Globalisierung erleichtern auch KMU sich auf internationalen Märkten zu bewegen. Bereits 2017 ging man davon aus, dass eine internationale Ausweitung der unternehmerischen Tätigkeit mitunter auch Erschwernisse mit sich bringen kann, da die Transformation Änderungen bei Strategien und strategisches Management verlangt (Zapletalová, 2017). Nach Dominic Lindner (2019, S. 60) haben KMU die Digitalisierung erst in den letzten Jahren vorangetrieben, nachdem sie lange Zeit der Entwicklung zugesehen und abgewartet haben.

In den vergangenen drei Jahren hat die Digitalisierung eine transformative Rolle eingenommen und sämtliche Bereiche in Wirtschaft und auch den Dienstleistungssektor entscheidend beeinflusst. Die Auswirkungen sind omnipräsent und berühren nahezu jeden Aspekt unseres Lebens und Arbeitens.

Für KMU stellt die Digitalisierung einen überlebensnotwendigen Schritt dar, der nicht mehr ignoriert werden darf. Die Fähigkeit, Daten online zu sammeln und zu analysieren, eröffnet Unternehmen neue Einsichten in Arbeitsprozesse und Kundenverhalten. Durch personalisierte Werbung auf digitalen Social Media Plattformen können Sie effektiver neue Kunden gewinnen. Insbesondere in einigen Berufsbranchen ermöglicht die Digitalisierung von Prozessen das Arbeiten von überall aus, was die Flexibilität der Mitarbeiter*innen fördert.

Die Analyse und Visualisierung großer Datenmengen wird vereinfacht, was die Optimierung von Prozessabläufen erleichtert. Die Digitalisierung ist nicht mehr nur eine Option, sondern eine entscheidende Komponente, die den Fortbestand von KMU sichert. Ihre Relevanz entfaltet sich im Zusammenspiel mit den Menschen, die Innovationen vorantreiben, gestalten und nutzen. Die vergangenen Jahrzehnte haben gezeigt, dass tiefgreifende Veränderungen in verschiedenen Gesellschaftsbereichen durch die Digitalisierung ermöglicht wurden.

Jetzt ist die Zeit gekommen, sich ernsthaft mit dieser Thematik auseinanderzusetzen, um das volle Potenzial für KMU zu erschließen.

Unterscheidung vom Mitbewerb – Anpassung der Geschäftsmodelle

Für Pascal von Gunten (2020, S. Kap. Strategie, Abs. 10) scheint es eine aussichtsreiche sowie erfolgversprechende und auch finanzierbare Strategie für KMU zu sein, wenn sie sich vom Mitbewerb unterscheiden, abheben. Hier erlangt für ihn das Thema Alleinstellungsmerkmal oder auch USP genannt, eine signifikante Bedeutung. In einer schnelllebigen und marktumkämpften Zeit bewährt es sich, in die Erarbeitung von Alleinstellungsmerkmalen zu investieren. Der USP und die gewählte Strategie positionieren ein Unternehmen am Markt und sorgen laut von Gunten (2020, S. Kap. Strategie, Abs. 10) im besten Fall dafür, dass die Differenzierungsmerkmale bestmöglich ausgespielt werden können.

Soll dauerhaft und nachhaltig Erfolg generiert werden, müssen Unternehmen sich aus der Masse des Mitbewerb abheben, sonst sind sie unsichtbar und das ist keine Dauerlösung. Unternehmen müssen ihre aktuellen Geschäftsmodelle überdenken und Strategien ausarbeiten, um zukünftig bestehen können und es macht demnach auch Sinn, rasch und effektiv auf disruptive Entwicklungen zu reagieren. Leider muss auch angemerkt werden, dass es Unternehmen gibt, deren Führungskräfte sich zu spät bzw. kaum Gedanken darüber machen, dass eine organisierte Umsetzung von bewussten Veränderungen auch bestimmte Prozesse braucht, welche gesteuert werden müssen und dass Change Management dies ermöglicht (Lobinger, 2019, S. Kap. 1, Abs. 9).

Lange Rede kurzer Sinn. Stellen Sie sich vor, Sie wollen ein bestimmtes Produkt kaufen. Jetzt gibt es zwei Läden oder zwei Web-Shops, die dasselbe Produkt anbieten, aber einer von ihnen hebt sich ab. Vielleicht ist es die Art und Weise, wie sie begrüßt werden, die zusätzlichen Informationen, die Versandkosten, die ihnen angeboten werden, oder sogar die besondere Verpackung des Produkts. Das ist die Unterscheidung vom Mitbewerb. Genauso ist es im Geschäftsleben. Wenn Unternehmen sich vom Mitbewerb unterscheiden, bieten sie etwas Einzigartiges oder Besonderes an, das Kunden dazu bringt, gerade zu ihnen zu kommen. Es ist, als würden sie sagen: "Hey, schauen Sie mal, wir sind nicht wie die anderen, wir haben etwas Besonderes für Sie!"

Diese Unterscheidung kann Kunden anziehen, denn sie mögen die Idee, etwas Einzigartiges oder Besseres zu bekommen. Doch darüber hinaus ist Vertrauen ein entscheidender Faktor. Wenn sie dem Verkäufer vertrauen, fühlen sie sich sicherer bei Ihrem Kauf. Es ist wie bei einem Freund, dem sie vertrauen, ihnen die besten Tipps zu geben. Vertrauen stärkt die Kundenbeziehung und schafft eine positive Erfahrung. Also, neben der Einzigartigkeit des Angebots ist das Vertrauen zum Verkäufer ein weiterer Schlüssel, um Kunden anzuziehen und langfristige Bindungen aufzubauen.

Insbesondere kleine und mittelständische Unternehmen können den Faktor Vertrauen und Kundennähe gezielt einsetzen. Oftmals resultiert dies aus ihrer regionalen Nähe zu Kunden oder einem hohen Maß an regionaler Bekanntheit.

Fazit ist, in der Welt der Wirtschaft wird die Unterscheidung vom Mitbewerb immer entscheidender, insbesondere für Führungskräfte kleiner und mittelständischer Unternehmen. Die Notwendigkeit, sich einzigartig zu positionieren, geht über das bloße Anbieten von Produkten oder Dienstleistungen hinaus. Wenn KMU nicht aktiv darüber nachdenken, wie sie sich vom Mitbewerb abheben können, riskieren sie, in der Masse unterzugehen. Dies erfordert eine gründliche Überprüfung des bestehenden Geschäftsmodells und den Mut, neue Wege zu beschreiten. Diejenigen Führungskräfte von KMU, die diesen Schritt rechtzeitig wagen, werden nicht nur die Aufmerksamkeit ihrer Zielgruppe gewinnen, sondern auch ihre Wettbewerbsfähigkeit stärken und langfristigen Erfolg sichern.

Know-how und Kommunikation

Katrin Welge und Ruedi Käch (2011) vertreten die Meinung, dass in KMU innerbetrieblich Veränderungen nur erfolgreich umgesetzt und etabliert werden können, wenn sich die Verantwortlichen bewusst sind, wer in welchen Unternehmensbereichen welche Aufgaben zu erledigen hat. Diesem interdisziplinären Denken setzen sie keine speziellen Fachkenntnisse voraus. Sie vertreten die Meinung, dass dies lediglich verlangt, die Sprache der Anspruchsgruppen zu verstehen und die Kompetenz zu besitzen, damit umzugehen. Sie definieren im Kontext mit Veränderung die daraus resultierenden Anforderungen an Leadership über die Unternehmensentwicklung als Synthese aus Ökonomie und Wirtschaftspsychologie. Es gilt, das Mindset der Stakeholder zu verstehen und deren Befindlichkeiten zu erkennen, des Weiteren müssen vorhandene Kompetenzen analysiert und bewertet werden und dabei soll das große Ganze in seiner Gesamtheit im Fokus behalten werden. Nach Welge und Käch (2011) resultiert daraus der Bedarf eines besonders umfassenden Know-hows, dessen Vorhandensein erforderlich ist, um komplexe und strategisch heikle Change Prozesse erfolgversprechend steuern bzw. begleiten zu können.

Wie bereits in vorangegangen Kapiteln erwähnt, sehen Katrin Welge und Ruedi Käch (2011) im Kontext zu Change Management ebenfalls die Geschäftsführung, das Leadership von KMU in einer verantwortungsvollen und fordernden Rolle. Sie räumen jedoch ein, dass es sich mitunter auch um eine kompetente Mitarbeiterin bzw. einen kompetenten Mitarbeiter handeln kann. Entscheidend für den Grad des Erfolges von Change Prozessen ist für sie, ob eben diese Person oder die damit beauftragte Personengruppe in der Lage ist, die Auswirkungen des Changes gesamtheitlich zu betrachten, zu verstehen und in die Firmenstrategie und die damit verbundenen Verhaltensanforderungen, in die Unternehmenskultur zu implementieren.

Aus eigener Erfahrung kann ich sagen, dass normativ in Klein- und Mittelbetrieben für mit dem Change beauftragte Mitarbeiter*innen weder eine neue Position geschaffen wird noch werden Personen zusätzlich eingestellt. Das Leadership bzw. die Führungskraft muss daher sicherstellen, dass das für die Umsetzung von Change Prozessen erforderliche Wissen im Betrieb vorhanden ist und jederzeit abgerufen werden kann.

Eine qualitative Studie von Esther Laukötter und Janne Stahl (2017) ergab, dass die Befragten im Kontext zu Veränderungsprozessen in Unternehmen, großen Wert auf strategische Kommunikation und deren Nutzung legen und explizit die interne Kommunikation ein sehr wichtiges Thema darstellt und Leadership maßgeblich an der Entstehung strategischer Kommunikation beteiligt ist.

Insgesamt zeigt sich, dass erfolgreiche Veränderungen in KMU eine bewusste und interdisziplinäre Herangehensweise erfordern. Leadership spielt eine Schlüsselrolle, indem es nicht nur wirtschaftliche, sondern auch psychologische Aspekte und eine strategische Kommunikation berücksichtigt. Klar definierte Aufgabenverteilungen und ein umfassendes Know-how im Unternehmen sind entscheidend. Es liegt an den Führungskräften und kompetenten Mitarbeiterinnen und Mitarbeitern, sicherzustellen, dass vorhandenes Wissen effektiv genutzt wird, um Veränderungen erfolgreich zu gestalten und zu etablieren.

Wichtig ist also, dass die Entscheidungsträger wissen, wem sie welche Aufgabe zuteilen. Man muss verstehen, wie die Menschen im Unternehmen denken und was ihnen wichtig ist. Außerdem soll man die vorhandenen Fähigkeiten nützen und darauf achten, dass man das große Bild im Auge behält.

Stellen Sie sich vor, Ihr Unternehmen ist ein Orchester, und die Melodie des Erfolgs hängt von der perfekten Harmonie aller Mitglieder ab. Jeder hat ein einzigartiges Instrument, das er beherrscht – dies ist das individuelle Wissen und die Fähigkeiten jedes Mitarbeiters. Wenn diese verschiedenen Töne zusammenkommen, entsteht ein Meisterwerk – wenn es gut dirigiert wird!

Sie als Führungskraft sind der Dirigent dieses Orchesters. Sie müssen nicht nur die Melodie kennen, sondern auch sicherstellen, dass jeder Musiker sein Bestes gibt. Das bedeutet, das Wissen der Teammitglieder zu schätzen, Vertrauen aufzubauen und eine klare Kommunikation aufrechtzuerhalten. Das Knowhow, das Ihre Mitarbeiter*innen mitbringen, ist keine statische Ressource – es ist der Schlüssel zu Veränderungen und Innovationen.

Als Führungskraft sind sie auch Vermittler zwischen den Mitarbeiter*innen. Sie sorgen dafür, dass Wissen fließt, dass Vertrauen wächst und die Kommunikation klar ist. Denken Sie daran, je besser das Zusammenspiel, desto beeindruckender der Erfolg.

Also, liebe Führungskräfte, schenken Sie Ihren Mitarbeiter*innen Aufmerksamkeit. Hören Sie aufmerksam zu, nutzen Sie das Wissen Ihrer Teammitglieder und schaffen Sie eine Atmosphäre des Vertrauens. Denn in dieser Sinfonie des Wandels liegt die wahre Stärke Ihres Unternehmens.

Mangel an Human Resources

Je nach Unternehmensgröße eines KMU, gemessen an der Anzahl der Mitarbeiter*innen, hat ein Betrieb bestimmte Human Resources zur Verfügung. Entsprechend der Realität und von Barbara Heitger und Alexander Doujak (2002, S. 57) beschrieben, werden bei kleineren Unternehmen oftmals Mitarbeiter*innen zusätzlich mit diesen Aufgaben des Change Management betraut, es kommt zu höherer Belastung und ein hohes Maß an Verantwortung liegt bei der Unternehmensführung.

Führungskräfte in KMU tragen wie bereits erwähnt eine Schlüsselrolle in Veränderungsprozessen, da sie nicht nur die strategischen Entscheidungen treffen, sondern auch das Gesamtbild im Blick haben müssen. Die Umsetzung von Change Management erfordert ein tiefes Verständnis der Unternehmenskultur und eine klare Vision, die von den Führungskräften kommuniziert werden muss.

In kleinen und mittleren Unternehmen werden häufig Mitarbeiter*innen mit der Implementierung von Veränderungsprozessen betraut. Aufgrund der begrenzten Anzahl von Mitarbeiter*innen in KMU, die oft bereits mehrere Geschäftsbereiche abdecken, können außerordentliche Veränderungsprozesse zu einer erheblichen Belastung führen. Die Notwendigkeit von Überstunden, Zeitmangel und möglicherweise fehlendes theoretisches Wissen können zu Widerstand oder Demotivation führen.

Es liegt in der Verantwortung der Führungskräfte, im Vorfeld zu prüfen, ob ihre Mitarbeiter*innen dieser Belastung gewachsen sind und ob möglicherweise das laufende operative Geschäft beeinträchtigt wird. Die Gefahr besteht darin, dass eine Schlüsselperson im Veränderungsprozess aufgrund der

Belastung die Motivation verliert, was sich in Ablehnung, Widerstand, Aggression oder sogar Depression manifestieren kann.

Mangelnde Unterstützung könnte dazu führen, dass von der Transformation Betroffene in den Krankenstand treten oder im schlimmsten Fall das Unternehmen verlassen. Dies hätte zur Folge, dass der Veränderungsprozess ins Stocken gerät, wertvolle Zeit und Know-how verloren gehen, und das Risiko eines Scheiterns des Projekts steigt. Führungskräfte sollten daher sicherstellen, dass ihre Mitarbeiter*innen angemessen unterstützt werden, um die erfolgreiche Umsetzung von Veränderungsprozessen zu gewährleisten.

Sie als Führungskraft sind daher gefordert, die Balance zu halten, um effektive Veränderungen voranzutreiben, ohne das operative Geschäft zu gefährden. Eine kluge Ressourcenallokation und die Einbindung des gesamten Teams sind entscheidend, um Veränderungsprozesse erfolgreich zu bewältigen.

Generationskonflikte

Vorab sei hier angemerkt, dass es sich bei den Begriffserklärungen Generation „Y" und Generation „Z" um keine allgemeingültigen wissenschaftlichen Definitionen handelt, sondern um Begriffe, welche aktuell in der Geschäftswelt verwendet und auch in Fachbüchern zum Thema Management zu finden sind (Klaffke, 2014, S. 57-82).

Zur Generation „Y" zählt man Personen mit den Geburtsjahrgängen 1980 bis 1995 (unternehmer.de, 2020). Auch als Digital Natives bezeichnet, haben Mitglieder dieser Gruppe häufig einen akademischen Hintergrund und stellen bevorzugt Althergebrachtes in Frage, bevorzugen starre Hierarchien. Diese Generation will mehr Selbstbestimmung, ist motiviert und technikaffin. Neben eigenverantwortlichem, flexiblem und mobilem Arbeiten, liegt ihr Schwerpunkt auf Sinnhaftigkeit, Transparenz und dem Grad an Nachhaltigkeit. Die Möglichkeit zur persönlichen Entfaltung und der Zufriedenheit am Arbeitsplatz wird gerne sowohl der Karriere im klassischen Sinn als auch dem Geld vorgezogen. Die Ausgewogenheit von Arbeitszeit, Homeoffice, Leistung und Lebensgenuss definiert ihre Work-Life-Balance. Aufgrund der Umbrüche und Krisen, die diese Generation bereits erlebt hat, ist sie an Verunsicherung und Ungewissheit gewöhnt. Sie hat gelernt damit zu leben und sich anzupassen. Es wird behauptet, dass diese Generation die internationalste, örtlich flexibelste und vielsprachigste ist, die bis dato am Arbeitsmarkt vertreten war (gruenderszene.de, 2019). Diese Generation, auch als Millennials bezeichnet, gilt als bisher meist erforschte Generation (Klaffke, 2014, S. 57-82).

Ihre Nachfolgegeneration wird als Generation Z, kurz Gen Z, bezeichnet. Diese Gruppe umfasst die Geburtenjahrgänge 1995 bis 2010 und sie ist geprägt durch großen

Wohlstand und Globalisierung. „Anything goes" als Leitspruch, sowie pragmatischer Optimismus, geringere Loyalität zur Arbeitgeberin bzw. zum Arbeitgeber und weniger Affinität für Führungsaufgaben, lassen sie feste Strukturen bevorzugen. Obwohl dieser Gruppe nachgesagt wird, dass sie weniger laut ist und geringeres Interesse an Politik gegenüber der Generation Y hat, so ist sie doch konsequent und hat in ihrem Work Life Blending klare Vorstellungen. Bei diesem fließenden Übergang von Berufs- und Privatleben soll eine gewisse Freiheit in der Gestaltung der Arbeitszeit erhalten bleiben, wenngleich auch klare Strukturen bevorzugt werden. Klare Inhalte werden geschätzt und diese Gruppe ist vergleichsweise nicht so werbeanfällig wie andere (gründerszene.de, 2019).

In der heutigen Arbeitswelt, geprägt von diversen Generationen wie der "Y" und "Z", kann die Zusammenarbeit zwischen Mitarbeiter*innen unterschiedlichen Alters herausfordernd sein, insbesondere wenn keine effektive und wertschätzende Kommunikation gepflegt wird. Der Generationenunterschied spiegelt sich nicht nur in den individuellen Arbeitspräferenzen wider, sondern auch in unterschiedlichen Werthaltungen, Erwartungen und Kommunikationsstilen.

Wenn eine neue, junge Führungskraft auf etablierte Teammitglieder trifft, die bereits lange in der Firma tätig sind, können sich Konflikte aufgrund dieser Generationsunterschiede ergeben. Dies kann beispielsweise auf unterschiedliche Vorstellungen von Arbeitsstrukturen, Hierarchien und Entscheidungsfindung zurückzuführen sein. Die älteren Mitarbeiter*innen sind möglicherweise an traditionellere Arbeitsweisen und Führungsstile gewöhnt, während die junge Führungskraft weitgehend offener für Veränderungen und neue Ansätze ist.

Die Schwierigkeiten können sich verstärken, wenn keine angemessene und respektvolle Kommunikation stattfindet. Missverständnisse, Vorurteile und Unzufriedenheiten können entstehen, wenn nicht klar und transparent kommuniziert wird. Die älteren Mitarbeiter*innen könnten das Gefühl haben, dass ihre langjährige Erfahrung nicht ausreichend geschätzt wird, während die jüngere Führungskraft möglicherweise auf Widerstand gegen neue Ideen stößt.

Es liegt daher in der Verantwortung der Führungskräfte, ein Klima des respektvollen Umgangs zu schaffen. Das bedeutet, aktiv zuzuhören, die Perspektiven aller Generationen zu berücksichtigen und einen offenen Dialog zu fördern. Ein Beispiel für einen erfolgreichen Umgang mit dieser Herausforderung könnte die Einführung von Mentorship-Programmen sein, bei denen ältere Mitarbeiter*innen ihr Wissen an jüngere weitergeben und umgekehrt. Durch solche Initiativen kann der generationenübergreifende Austausch gefördert werden, was zu einem besseren Verständnis und einer effektiveren Zusammenarbeit führen kann.

Fazit wissenschaftlicher Erkenntnisse über KMU

Liebe Führungskräfte von KMU und all jene, die es werden wollen,

in Zeiten begrenzter Ressourcen und komplexer Veränderungsprozesse dürfen Sie keinen falschen Stolz hegen. Es ist keine Schwäche, sondern ein Zeichen von Stärke und Weitsicht, sich Hilfe zu suchen. Das Übernehmen zu vieler Aufgaben kann verheerende Folgen haben und Ihre Bemühungen zunichtemachen. Sie müssen nicht alles wissen oder können, aber Sie können delegieren und um Unterstützung bitten.

In der heutigen Zeit gibt es zahlreiche Möglichkeiten, neues Wissen zu erlangen und externe Hilfe zu erhalten. Stehen Sie sich nicht selbst im Weg, sondern suchen Sie aktiv nach Lösungen und geben Sie sich nicht dem Gefühl hin, mit Ihren Herausforderungen allein dazustehen. Wie in der Zusammenarbeit verschiedener Generationen betont wurde, ist eine effektive und wertschätzende Kommunikation entscheidend. Aktives Zuhören, das Berücksichtigen unterschiedlicher Perspektiven und der Aufbau eines offenen Dialogs sind Schlüssel zu erfolgreicher Zusammenarbeit.

Ihr Erfolg hängt nicht nur von Ihrem Können, sondern auch von Ihrer Fähigkeit ab, klug Hilfe anzunehmen und gemeinsam mit einem starken Team Veränderungen erfolgreich anzugehen. Wie im Beispiel der Mentorship-Programme für unterschiedliche Generationen verdeutlicht wurde, können solche Initiativen den generationenübergreifenden Austausch fördern und zu einem besseren Verständnis führen.

In einer sich ständig wandelnden Geschäftswelt ist eine ganzheitliche Strategieentwicklung von entscheidender

Bedeutung. Die Fähigkeit, agil auf Herausforderungen zu reagieren, multidisziplinäre Teams zu integrieren und Experimente bei Bedarf zu korrigieren, sind Schlüsselfaktoren für langfristigen Erfolg. Ich bin überzeugt, dass Führungskräfte von KMU diese Herausforderungen bewältigen können, wenn sie mit dem notwendigen Herzblut und Engagement agieren. Mutig voran!

2. Leadership in KMU

Begriffsabgrenzung

Klaus Doppler führt zum Thema „Führen in Zeiten permanenter Veränderungen" an, dass trotz der zunehmenden Akzeptanz der klassischen Aufteilung zwischen verwaltenden Manager*innen und visionären Führungskräften, die Gefahr besteht, dass eben diese Trennung zwischen Management und Leadership auch riskant sein kann (2017, S. 51).

Steiner (2017, S. X) schreibt in Bezug auf Leadership, dass eine Leadership-Persönlichkeit gleich zu setzen ist mit einem Jongleur, der immer die Balance zwischen der Vision und dem operativen Geschäft, dem Risiko und den Chancen sowie den Zielen und der Eigenverantwortlichkeit hält.

Nach Maxwell (2012, S. 67) baut Leadership auf Vertrauen auf, es setzt bei der Führungspersönlichkeit vor allem Kompetenz, Kooperation und Charakter voraus.

Lies (2018) gibt an, dass Leadership nicht einheitlich definiert ist, er beschreibt es als den verhaltens-, eigenschafts-, interaktions- und/oder motivationsorientierten Aufgabenbereich des Managements.

Für Hinterhuber und Krauthammer (2005, S. 9) gehören, neben dem Erkennen von Chancen, der Umsetzung daraus resultierenden Möglichkeiten bzw. der Veranlassung zur Umsetzung, die Gestaltung von unternehmerischen Veränderungsprozessen zu den Aufgaben von Leadership.

Die Diskussion um Führung ist geprägt von der Unterscheidung zwischen Management und Leadership. Die Begriffsabgrenzung verdeutlicht, dass Leadership weit über traditionelle Managementaufgaben hinausgeht und eine komplexe, facettenreiche Rolle in der Führung darstellt.

Was sind die spezifischen Herausforderungen beim Führen von KMU?

Die Frage nach den spezifischen Herausforderungen beim Führen von KMU reflektiert die realen Sorgen und Ängste, mit denen Führungskräfte in kleineren Unternehmen konfrontiert sind. Hierbei kann auch mangelndes Selbstvertrauen eine Rolle spielen, da Führungskräfte möglicherweise unsicher sind, wie sie erfolgreich durch die komplexen Anforderungen des KMU-Umfelds navigieren können.

Die Herausforderungen beim Führen von KMU sind vielfältig. Ein zentraler Aspekt ist die begrenzte Ressourcenverfügbarkeit, sei es finanziell oder in Bezug auf das Personal. Diese Begrenzungen können die Umsetzung von Veränderungen erschweren. Ein weiteres relevantes Thema ist die Flexibilität, die in KMU oft erforderlich ist, um auf schnelle Marktveränderungen reagieren zu können. Die Balance zwischen Stabilität und Flexibilität ist eine anspruchsvolle Aufgabe.

Die Identifikation und Entwicklung von Talenten innerhalb des begrenzten Personalpools ist ebenfalls eine Herausforderung. Dies erfordert nicht nur die Erkennung von Potenzialen, sondern auch die Schaffung von Entwicklungsmöglichkeiten, um das Engagement der Mitarbeiter*innen aufrechtzuerhalten.

Im Buch werden diese Herausforderungen detailliert in verschiedenen Kapiteln behandelt. Die Kapitel "Umgang mit sich verändernden Märkten" und "Personelle Verantwortung für Change Management" beleuchten die Herausforderungen im Kontext von Marktunsicherheiten und der Entwicklung von Mitarbeiter*innen. Zudem wird die Bedeutung von Führungsstilen in KMU im Abschnitt "Führungsstile und

Leadership Mindset" thematisiert.

Insgesamt verdeutlicht die Frage nach den spezifischen Herausforderungen beim Führen von KMU den Wunsch nach gezielten Einblicken und bewährten Strategien, um erfolgreich in diesem einzigartigen Unternehmensumfeld zu agieren.

Welche Führungsstile sind in KMU am effektivsten?

Die Frage nach den effektivsten Führungsstilen in KMU zeigt eine tiefe emotionale Verbindung zu den Zielen und bevorzugten Herangehensweisen der Führungskräfte in diesen Unternehmen. Hierbei suchen die Führungskräfte nicht nur nach theoretischen Ansätzen, sondern auch nach praxiserprobten Methoden, die ihnen helfen sollen, ihre spezifischen Ziele zu erreichen und Herausforderungen in KMU effektiv zu meistern.

Emotional betrachtet könnten Führungskräfte in KMU eine gewisse Unsicherheit und Dringlichkeit verspüren. In kleineren Unternehmen sind die Hierarchien oft flacher, und jede Entscheidung kann einen unmittelbaren Einfluss auf den Unternehmenserfolg haben. Dies schafft den Bedarf nach klaren und bewährten Führungsstilen, die sich unmittelbar positiv auf die Unternehmensperformance auswirken.

Die emotionale Komponente dieser Frage könnte auch auf die Identifikation mit dem Unternehmenserfolg zurückzuführen sein. In KMU sind Führungskräfte oft enger mit dem täglichen Betrieb verbunden und sehen ihre Arbeit als direkten Beitrag zum Wachstum des Unternehmens. Daher suchen sie nach Führungsstilen, die nicht nur effektiv, sondern auch im Einklang mit den Unternehmenszielen stehen.

Im Buch wird dieses Anliegen in den Unterkapiteln „Führungsstile und Führungsansätze" sowie in "Führungsstile und Leadership Mindset" behandelt. Hier werden verschiedene Führungsstile, ihre Vor- und Nachteile sowie ihre Anwendbarkeit in KMU detailliert erläutert. Die emotionale Verbundenheit der Führungskräfte mit dem Unternehmenserfolg wird in diesem Kontext durch die

Betonung der praktischen Relevanz und der direkten Auswirkungen auf die Unternehmensleistung angesprochen.

Zusammenfassend spiegelt die Frage nach den effektivsten Führungsstilen in KMU das Bedürfnis nach greifbaren, praxisorientierten Lösungen wider, die nicht nur theoretisch fundiert sind, sondern auch direkt zur Erreichung der Unternehmensziele beitragen.

Die Relevanz der Persönlichkeit von Führungskräften

Die Persönlichkeit einer effektiven Führungskraft zeigt sich in verschiedenen Merkmalen, die eine wirksame Leitung und den Aufbau positiver Teambeziehungen ermöglichen.

Das Erfassen und Verstehen eigener Emotionen sowie der Teammitglieder ist essenziell. Es ermöglicht empathische Reaktionen auf emotionale Belange. Eine klare und wirkungsvolle Kommunikation ist entscheidend, um Visionen, Ziele und Erwartungen zu vermitteln. Gleichzeitig schafft sie ein offenes Umfeld für konstruktives Feedback.

Gute Führungspersönlichkeiten treffen in unsicheren oder stressigen Situationen fundierte Entscheidungen. Integrität und ethisches Handeln bilden das Vertrauensfundament zwischen der Führungskraft und dem Team.

Die klare Kommunikation einer inspirierenden Vision, gepaart mit der Fähigkeit, Mitarbeiter*innen zu motivieren und zu lenken, sowie die Anpassungsfähigkeit und Flexibilität inmitten sich wandelnder Herausforderungen sind in der heutigen dynamischen Welt von großer Bedeutung.

In der Tiefe betrachtet bedeutet die Fähigkeit, eigene Emotionen zu managen, nicht nur Selbstkontrolle, sondern auch die Fähigkeit zur Selbstreflexion. Eine gute Führungskraft versteht nicht nur, wie Emotionen ihre eigene Performance beeinflussen können, sondern auch, wie sie auf andere wirken. Dies schafft ein Umfeld, in dem Teammitglieder sich verstanden und unterstützt fühlen.

Die Kommunikation erstreckt sich über bloße Verbalisierung hinaus. Eine effektive Führungskraft beherrscht auch nonverbale Kommunikation und passt ihren Kommunikationsstil an verschiedene Teammitglieder an. Sie schafft nicht nur eine Richtung, sondern etabliert einen offenen Dialog, der Raum für Ideen und Bedenken bietet.

Fundamentale Entscheidungen unter Druck erfordern nicht nur eine schnelle Analyse der Situation, sondern auch die Fähigkeit, die Auswirkungen auf das Team zu antizipieren. Eine gute Führungskraft trifft Entscheidungen, die nicht nur kurzfristige Ziele erreichen, sondern auch langfristige Zufriedenheit und Produktivität fördern.

Die inspirierende Vision einer Führungskraft sollte nicht nur auf dem Papier stehen, sondern sich im täglichen Handeln widerspiegeln. Ein authentischer Führungsstil, der Werte verkörpert, schafft eine Verbindung zwischen der Vision und den täglichen Aufgaben der Mitarbeiter*innen.

Die Anpassungsfähigkeit einer Führungspersönlichkeit bedeutet nicht nur, sich an Veränderungen anzupassen, sondern aktiv nach innovativen Lösungen zu suchen. Diese Fähigkeit fördert eine Kultur kontinuierlicher Verbesserung und stärkt die Widerstandsfähigkeit des Teams gegenüber unvorhersehbaren Entwicklungen.

Die Förderung von Teamarbeit geht über bloße Zusammenarbeit hinaus. Eine gute Führungskraft erkennt individuelle Stärken und Schwächen und fördert eine Umgebung, in der Teammitglieder ihre Fähigkeiten maximieren können. Dies erfordert nicht nur Aufmerksamkeit für Gruppendynamiken, sondern auch die Bereitschaft, individuelle Entwicklungspläne zu unterstützen.

Insgesamt sind diese Merkmale essenziell, aber es ist die Fähigkeit, sie miteinander zu verweben, die eine außergewöhnliche Führungskraft auszeichnet. Eine Synergie dieser Qualitäten schafft ein Umfeld, in dem Mitarbeiter*innen nicht nur effektiv arbeiten, sondern auch persönlich wachsen können.

Waldemar Pelz (2021) versteht unter Persönlichkeit die Summe, der durch Vererbung und Erziehung geprägten und verfestigten Merkmale des Menschen und stellt weiter fest, dass der Begriff Persönlichkeitsmerkmale als Synonym für Charaktereigenschaften verwendet wird.

Persönlichkeitsmerkmale, sprich Eigenschaften wie Ehrgeiz, Intelligenz, Neugier, Optimismus oder auch Stabilität haben die Besonderheit, dass sie nur wenig oder gar nicht veränderbar bzw. erlernbar sind. Die Attribute Ehrgeiz, Mut, der Sinn für Werte können der wichtigen Komponente, Begeisterung für langfristige Ziele, zugeordnet werden. Selbstdisziplin, Energie und Selbstvertrauen sind erforderlicher Charakteristika für Durchhaltevermögen, während Vertrauen, Aufrichtigkeit, Fairness und Konsistenz als Eigenschaften der Integrität benannt werden. Daraus kann abgeleitet werden, dass für die Persönlichkeit und den Charakter einer effektiven Führungskraft, die Summe der genannten Komponenten, die erforderliche Charakterstärke ergeben (Pelz, 2020).

Pelz (2021) schreibt hierzu, dass es hilfreich ist, bei der Personalauswahl auf die jeweiligen Stärken und Schwächen zu achten, das Persönlichkeitsprofil muss optimal zum Anforderungsprofil passen. An dieser Stelle ist anzumerken, dass Kotter darauf hinweist, dass im Zuge der Auswahl einer Führungskoalition für Change Management, auf die Qualität der Führungspersonen zu achten ist. Entsprechen die Leader nicht den Anforderungen, kann seiner Meinung nach, eine Veränderung nicht erfolgreich umgesetzt werden. Nach Ansicht von Kotter (2013, S. 48, 50) kann nur effektiv gearbeitet werden, wenn das Team richtig zusammengestellt ist.

Nach Ansicht von Seidel (2017, S. X) zeichnet sich eine Leadership Persönlichkeit u. a. auch durch Selbstreflektion und Verantwortungsbewusstsein aus und sie ist authentisch und führt achtsam. Kouzes und Posner (2007, S. 36) kommen ebenfalls zu dem Schluss, dass Authentizität und achtsame Führung wichtig sind und sie führen auch an, dass eine

Führungspersönlichkeit charismatisch sein sollte.

Im Zeitalter der Globalisierung erachtet Kerzel (2017, S. 99) eine weitere Eigenschaft erforderlich, nämlich die Fähigkeit mit dem Wandel erfolgreich umzugehen, denn Leadership bedeutet auch, dass man nicht zwingend weiß, was morgen passieren wird, sein Team aber trotzdem ans definierte Ziel bringt, es ist eine Frage des Wissens und der Vorstellungskraft.

Nach von Gunten (2020, S. Kap. Zeitgemäße Führung, Abs. 6) zeichnet sich zeitgemäße Führung durch die Attribute Eigeninitiative, Entscheidungsfähigkeit und Selbstbewusstsein aus. Neben moralischer Integrität und Fairness zählt auch für von Gunten (2020) Authentizität zu den erforderlichen Komponenten für moderne Führung.

Für Fritz (2018, S. XI) zeichnet sich eine Führungspersönlichkeit dadurch aus, dass sie durch Vorangehen wirksam ist, andere für Visionen begeistern kann und mit einem hohen Maß an Reflexion, sich selbst stetig weiterentwickelt.

Günther (2018, S. XI) ist der Meinung, dass eine Führungspersönlichkeit als Verantwortungsträger, das Autoritative in menschlichen Gefügen erkennen und gestaltet muss, damit Sachverstand, Werte- und Sinnorientierung wachsen können.

Eine Führungskraft, welche sich aufgrund ihrer Persönlichkeit immer wieder neu an den Menschen und Aufgaben ausrichtet, indem sie die Gleichzeitigkeit von Führen und Geführt-Werden in der Wahrnehmung des Kontextes reflektiert, wird von Henken (2018, S. XI) ebenfalls als Leadership Persönlichkeit bezeichnet.

Wichtig ist jedoch für Lonski (2018, S. XII), dass diese Person, andere durch ihre Begeisterung fasziniert und motiviert. Sie muss in ihrem Handeln als Vorbild authentisch sein und den Mut haben, neue Wege zu gehen.

Für Reitz (2018, S. XII) bedeutet das, Dialoge auf Augenhöhe zu führen, die Schaffung von Perspektiven und die Tatsache, sich nie mit dem Status quo zufrieden zu geben.

Als wichtige Eigenschaft erachtet Triebel (2018, S. XII) die Fähigkeit, Mitarbeiter*innen unter Wahrung ihrer Integrität, zu Höchstleistungen zu führen. Auch Landes und Steiner (2017, S. 66) weisen in ihrer Definition von Leadership darauf hin, dass es neben der Kompetenz rationale Entscheidungen treffen zu können, wichtig ist, die Kontrolle über eigene Emotionen zu haben und auch eventuelle negative Gefühle von Mitarbeiterinnen und Mitarbeitern in den Griff zu bekommen. Für sie sind dies entscheidende Faktoren, die einen reibungslosen Change Prozess gewährleisten (Landes & Steiner, 2017, S. 66).

Die Ausführungen der genannten Autor*innen zeigen, dass die Vorstellungen von der Persönlichkeit einer Führungskraft vielfältig sind, so muss Bauer (2018, S. XI) zufolge, diese Person in jedem Fall in der Lage sein, durch Vertrauen, Wertschätzung, Wissen und Vision, ihr Umfeld zu Weiterentwicklungen und Höchstleistungen anspornen, während Dierkes (2018, S. XI) eine achtsame Führungsperson mit Gestaltungswillen als Leadership Persönlichkeit definiert, die Werte schafft.

Bleiben Sie bei Entscheidungen und Handlungen Ihren Werten treu, das schafft Vertrauen, und Vertrauen bildet das Rückgrat jeder erfolgreichen Zusammenarbeit. In einer Welt, die sich ständig wandelt, ist Integrität nicht nur eine Tugend, sondern eine strategische Notwendigkeit.

Werteverständnis - Auswirkungen auf Unternehmenskultur und Führungsstil

In den vergangenen zwei Jahrzehnten hat sich der Wertewandel in Unternehmen spürbar vollzogen. Früher im Fokus stehende Werte wie Verlässlichkeit, Verbindlichkeit, Loyalität und Gehorsamkeit haben einer neuen Prioritätenverschiebung Platz gemacht. Sowohl Führungskräfte als auch Mitarbeiter*innen legen heute vermehrt Wert auf Aspekte wie Flexibilität, eigenverantwortliches Handeln, Selbstverwirklichung und Work-Life-Balance.

Die Globalisierung und Digitalisierung haben die Arbeitswelt grundlegend verändert, und dieser Wandel spiegelt sich unmittelbar in den sich wandelnden Wertevorstellungen wider. Mitarbeiter*innen passen ihre Arbeitsweisen an technologische Fortschritte an und bewegen sich vermehrt in wechselnden Aufgabengebieten. Neue Arbeitszeitmodelle haben sich etabliert, und die Erwartung an Flexibilität bezüglich privater Termine ist bei Führungskräften fest verankert.

Insgesamt lässt sich erkennen, dass heutige Werte stärker auf individuelle Freiheit und die Vereinbarkeit von Beruf und Privatleben ausgerichtet sind, während traditionelle Werte wie Loyalität und Gehorsamkeit an Gewicht verloren haben. Diese Veränderung reflektiert sich in den Erwartungen von Mitarbeiterinnen und Mitarbeitern sowie Führungskräften an Unternehmen.

Das aktuelle Werteverständnis von Führungskräften in kleinen und mittleren Unternehmen ist facettenreich und wird von diversen Einflussfaktoren geprägt. Dabei wird besonders deutlich, dass sich Führungskräfte in KMU verstärkt auf die Entwicklung einer Kultur des Vertrauens, der Integrität und der Anpassungsfähigkeit an digitale Veränderungen fokussieren sollten.

Moderne Führungskräfte in KMU erkennen die fundamentale Bedeutung von Vertrauen für eine gelungene Zusammenarbeit. Integrität in Entscheidungen und Handlungen fungiert nicht nur als ethisches Leitprinzip, sondern auch als zentrales Element für die Glaubwürdigkeit der Führungskraft. Die Anpassungsfähigkeit an digitale Veränderungen wird als unabdingbar betrachtet, um in einer dynamischen Geschäftswelt wettbewerbsfähig zu bleiben. Die Herausforderung besteht darin, eine ausgewogene Kultur zu schaffen, welche individuelle Freiheiten und Selbstverwirklichung der Mitarbeiter*innen fördert, ohne dabei die Integrität und die unternehmerische Anpassungsfähigkeit zu vernachlässigen.

Insgesamt müssen Führungskräfte in KMU ihre Werthaltung kontinuierlich überprüfen und an die sich wandelnden Bedürfnisse von Mitarbeiter*innen, sowie an die Anforderungen des Marktes anpassen. Nur so können sie eine inspirierende und erfolgreiche Führungsebene schaffen, die nicht nur die gegenwärtigen, sondern auch zukünftige Herausforderungen erfolgreich meistert.

Nach Pelz können die persönlichen Werte eines Menschen kaum verändert werden und sollten bei der Auswahl von Führungskräften, Mitarbeiter*innen etc. berücksichtigt werden, denn diese Werte müssen zur tatsächlich gelebten Unternehmenskultur passen. Werte können nach Pelz (2021) auch nach Stärken und Schwächen kategorisiert werden.

Werte nach Pelz (2021), welche häufig als Stärken bezeichnet werden.			
Akzeptanz	Fortschritt	Kompetenz	Umsicht
Anstand	Gemeinsinn	Kreativität	Unbefangenheit
Aufrichtigkeit	Gewissenhaftigkeit	Neugier	Verantwortung
Beharrlichkeit	Gleichbehandlung	Objektivität	Vertrauen
Beherrschung	Gradlinigkeit	Offenheit für Neues	Wertschätzung
Ehrlichkeit	Hilfsbereitschaft	Persönliches Wachstum	Wohlwollen
Einsatz und Leistung	Höflichkeit	Respekt	Würde
Empathie	Integrität	Sorgfalt	Zuverlässigkeit
Fairness	Interesse	Toleranz	Zuvorkommenheit

Abbildung 3. Liste häufigsten Stärken (Pelz, 2021)

Einige der als Stärken angeführten Werte können nach Ausführung von Pelz (2021) auch der Gruppe der Persönlichkeitsmerkmale, sowie jener der Kompetenzen zugeordnet werden.

Auf sozialer Ebene kann durch Reflexion festgestellt werden, welche Werte und Handlungsmuster als normal angesehen werden und welche davon am wirkungsvollsten sind (Treichel, 2017, S. 170).

Von Au (2017, S. V) führt ebenso wie Pelz (2021) an, dass Werte ihre Bedeutung erlangen, wenn sie gelebt werden und unter anderem auch die Unternehmenskultur beeinflussen. In Zeiten zunehmender Globalisierung, Komplexität, Dynamik und eines offensichtlichen Wertewandels, erlebt Leadership eine bedeutende Renaissance (von Au, 2017, S. V).

Bei Leadership geht es im Führen von und in Generationen auch darum, die Herausforderung zu bewältigen, Menschen in ihrer Wertebasis zu erreichen und zu verbinden (von Velasco, 2017, S. 184). Von Gunten (2020, Kap. Reibungslose Zusammenarbeit, Abs. 10) führt an, dass auch KMU die Herausforderung haben, Mitarbeiter*innen verschiedener Generationen in der Zusammenarbeit zu vereinen. In seiner Funktion ist Leadership gefordert, die gegenseitige Akzeptanz zu fördern, um aus den verschiedenen Denkweisen das Optimum für das Unternehmen herauszuholen (von Gunten, 2020, Kap. Reibungslose Zusammenarbeit, Abs. 10).

Nach Kerzel (2017, S. 95) haben sie die Koordinaten der Führung verschoben, denn Bewährtes aus der zweiten Hälfte des 20. Jahrhundert greift nicht mehr und so fordert der Umgang mit den Generationen der Geburtenjahrgänge 1980 bis 1995 und 1995 bis 2010 eine andere Art der Führung. Von Velasco (2017, S. 178) führt hierzu an, dass es eine authentische Führung braucht, damit die kollektive Intelligenz unterschiedlicher Altersgruppen gehoben werden kann.

Von Velasco (2017, S. 191-192) schlussfolgert, dass Führungskräfte bzw. Leadership gefordert sind, sich die Frage zu stellen, ob sie ein angemessenes Bewusstsein und Verständnis für die zentralen Motive, Themen und Perspektiven der Generationen in ihren jeweiligen Lebensphasen haben. Ebenso sind sie dazu angehalten, zu hinterfragen, ob sie eine Kultur des Dialoges, die den Mehrwert der unterschiedlichen Perspektiven anerkennt und nutzt, denn tendenziell nimmt die älter werdende Erwerbsbevölkerung zu und der Wettbewerb um die talentierten Jungen wird für die Innovations- und Überlebensfähigkeit von Unternehmen strategisch immer wichtiger (von Velasco, 2017, S. 191-192).

Die Ergebnisse einer empirischen Studie zu Leadership von Hendriks, Burger, Rijsenbilt, Pleeging und Commandeur (2020) zeigen, dass Leadership von Mitarbeiter*innen positiv bewertet wird, wenn es durch die Attribute Klugheit, Mäßigkeit, Gerechtigkeit, Mut und Menschlichkeit das Vertrauen der Betroffenen fördert und somit deren unternehmensinternes Wohlbefinden, die Zufriedenheit am Arbeitsplatz und den Grad des Engagements fördert (Hendriks et al., 2020).

Für Maxwell (2012, S. 134) gehört es auch zu den Aufgaben von Leadership, die Nachfolge strategisch zu planen und er argumentiert, dass nur Führungspersönlichkeiten mit Vorbildwirkung Einfluss auf nachfolgende Führungskräfte haben. Hier schließen Ackermann, Müller und Dickebohm (2013, S. Kap. 3.2.1, Abs. 6) an. Sie verdeutlichen in Bezug auf die Herausforderung zur Verringerung des ökologischen Fußabdruckes und der nachhaltigen Entwicklung von Betrieben, dass es in diesem Kontext ein spezielles Werteverständnis erfordert und dies in der Unternehmenskultur etabliert werden muss. Sie betonen, dass dies durch entsprechendes Führungsverhalten verwirklicht werden kann (Ackermann et al., 2013, Kap. 3.2.1, Abs. 6).

Treichel (2017, S. 173) führt weiter an, dass ausgehend von der rasch voranschreitenden globalen Vernetzung von transnationalen Geschäftsmodellen, digitalen Transformationen von Austausch und Kooperationsprozessen, sowie transdisziplinären Innovationsprojekten, welche die differenzbasierten nationalen Kulturmodelle durch ressourcenorientierte Diversity Konzepte verdrängen, ein entsprechendes Leadership erforderlich ist.

Auch im Bereich KMU setzen neue und fortschrittliche Betriebe, zur Bewältigung von Komplexität, auf Werte wie Selbstführung, Agilität und Evolution. So können sich diese Unternehmen aus sich selbst heraus weiter entwickeln (von Gunten, 2020, Kap. Organisation und Strategie, Abs. 1).

Für von Au (2018, S. XII) zeichnet sich Leadership u.a. auch durch wahrhaftige wertschätzende, kreative und reflexive Dialoge aus. Damit alle Beteiligten die Sinnhaftigkeit ihres Handels erkennen und mit großer Freude erfolgreich Leistung erbringen, sich auch stets weiterentwickeln, muss die Verschiedenheit aller Menschen erkannt und individuell berücksichtigt werden (von Au, 2018, S. XII). Ähnlich sieht das auch Garbers (2018, S. XII), für sie sind transparente Kommunikation, eine anspruchsvolle Zielsetzung und die individuelle Förderung der Beteiligten signifikante Merkmale für Leadership.

In der dynamischen Welt des Unternehmertums, wo Veränderung konstant ist und Herausforderungen stetig wachsen, möchte ich Sie dazu ermutigen, sich auf einen Eckpfeiler zu besinnen, der den Erfolg und Fortbestand Ihres

Unternehmens maßgeblich beeinflusst: Ihre Werte.

Ihre Werte sind nicht nur schmückendes Beiwerk, sondern das Fundament, auf dem Ihr Unternehmen ruht. In kleinen und mittleren Unternehmen spielt die Unternehmenskultur eine entscheidende Rolle, und Ihre Führung setzt den Ton.

Vertrauen Sie darauf, dass Ihre Werte nicht nur Ihre Entscheidungen leiten, sondern auch den Kurs für Ihr Team markieren. Veränderungen in der Geschäftswelt mögen rasch voranschreiten, aber Ihre Werte bleiben die Konstante, welche Orientierung bietet.

Klarheit in den Prinzipien schafft nicht nur eine verlässliche Basis für Ihr Team, sondern stärkt auch die Identität Ihres Unternehmens. Integrität, Vertrauen, Anpassungsfähigkeit – diese Werte sind nicht nur Schlagwörter, sondern Ihre strategischen Verbündeten.

Erinnern Sie sich daran, dass Ihre Werte nicht nur auf dem Papier existieren sollten. Sie müssen in Ihrem täglichen Handeln verkörpert werden. Seien Sie die Verkörperung der Werte, die Sie für Ihr Unternehmen gewählt haben, und lassen Sie sie durch Ihr Handeln sprechen.

Ihre Mitarbeiter*innen sehen in Ihnen nicht nur einen Vorgesetzten, sondern auch einen Vorbildführer. Sie sind der Katalysator für eine Kultur des Erfolgs und der Zusammenarbeit. Die Ausrichtung Ihrer Werte mit Ihren Handlungen inspiriert nicht nur, sondern schafft auch eine Atmosphäre, in der jeder sein volles Potenzial entfalten kann.

In einer Zeit, in der der Fokus oft auf kurzfristigen Gewinnen liegt, ist es entscheidend, dass Sie den Langzeitwert Ihrer Werte erkennen. Eine klare Wertegrundlage bildet nicht nur die Grundlage für nachhaltigen Erfolg, sondern auch für die Resilienz Ihres Unternehmens in stürmischen Zeiten.

Daher möchte ich Sie dazu ermutigen, Ihre Werte zu pflegen und ihnen treu zu bleiben. Seien Sie Visionäre, die nicht nur den Status quo akzeptieren, sondern eine Kultur schaffen, die Innovation und Wachstum fördert. Ihre Werte sind der Kompass, der Sie durch Herausforderungen und Veränderungen leitet. Vertrauen Sie darauf, dass sie nicht nur richtungsweisend sind, sondern auch den Weg zu nachhaltigem Erfolg ebnen.

Kompetenzen von Führungskräften und deren Bedeutung bei Change-Prozessen

Früher war es für Führungskräfte wichtig, vor allem Fachkenntnisse und grundlegende Fähigkeiten in der Anleitung und Kontrolle zu haben. Aber heutzutage braucht man mehr. Es ist notwendig, sehr gute soziale Fähigkeiten zu haben und besonders auch mehr Führungsfähigkeiten zu zeigen.

Dazu gehören:

1. Kommunikationsfähigkeiten: Führungskräfte sollten in der Lage sein, klar und effektiv zu kommunizieren. Das beinhaltet nicht nur das Übermitteln von Informationen, sondern auch das Zuhören und Verstehen der Bedürfnisse und Anliegen der Teammitglieder.

2. Empathie: Die Fähigkeit, sich in die Lage anderer zu versetzen, ist entscheidend. Führungskräfte sollten die Emotionen und Perspektiven ihrer Teammitglieder verstehen, um eine positive und unterstützende Arbeitsumgebung zu schaffen.

3. Konfliktlösung: Konflikte können in jedem Team auftreten. Eine gute Führungskraft ist in der Lage, Konflikte frühzeitig zu erkennen und konstruktive Lösungen zu finden, um ein harmonisches Arbeitsumfeld zu fördern.

4. Teamarbeit: Die Förderung von Teamgeist und Zusammenarbeit ist von großer Bedeutung. Führungskräfte sollten in der Lage sein, ein Team zu inspirieren, zu motivieren und zu leiten, um gemeinsame Ziele zu erreichen.

5. Flexibilität: In einer sich ständig verändernden Geschäftswelt ist es wichtig, flexibel zu sein. Führungskräfte sollten in der Lage sein, sich an neue Situationen anzupassen und kreative Lösungen zu finden.

Zusätzlich zu den traditionellen Fähigkeiten sind diese sozialen

Kompetenzen entscheidend, um eine effektive Führungskraft zu sein. Es geht nicht nur darum, Aufgaben zu delegieren und zu kontrollieren, sondern auch darum, Beziehungen aufzubauen, ein unterstützendes Umfeld zu schaffen und das volle Potenzial jedes Teammitglieds zu fördern.

Pelz (2021) definiert Kompetenzen als Kenntnisse, Erfahrungen und Fähigkeiten und hält fest, dass diese im Gegensatz zu Charaktereigenschaften und Werten erlernbar sind. Für Pelz (2017, S. 119) sind es nicht visionäre oder charismatische Eigenschaften, die eine Führungskraft bei Veränderungen erfolgreich machen, sondern die Fähigkeit, Ziele in Resultate umzusetzen. Er bezeichnet diese Fähigkeit als Umsetzungsstärke, welche den Ausführungen zufolge aus fünf Teilkompetenzen besteht (Pelz, 2017, S. 119). Pelz schlussfolgert, dass eine erfolgreiche Führungskraft, Eigenschaften und Fähigkeiten aus den Kompetenzbereichen Aufmerksamkeitssteuerung und Fokussierung, Emotions- und Stimmungsmanagement, Selbstvertrauen und Durchsetzungsstärke, vorausschauender Planung und Problemlösung sowie zielbezogener Selbstdisziplin aufweisen muss (Pelz, 2017, S. 109-111, 119).

In Bezug auf den Anspruch an Führungskräfte, speziell im Kontext mit Planung und Kommunikation mit Mitarbeiter*innen, hält Musger (2013) die Kompetenz der Reflexion als unentbehrlich. Selbstreflektion ist ein Teil dieser Kompetenz, sie verlangt, über sich selbst kritisch nachzudenken, was zur Folge hat, dass dadurch das eigene Denken, die eigenen Empfindungen und das daraus resultierende Handeln analysiert werden können (Musger, 2013). Für Musger (2013) erfordert eine Arbeit mit hoher Verantwortung verbunden mit großem Risiko bei sich rasch ändernden Anforderungen mit wachsender Komplexität und auch in organisatorischen Arbeitsbeziehungen sowie Organisationszusammenhängen immer mehr reflexive Arbeitsanteile.

Kennt man die Stärken und Einschränkungen der eigenen Lebensperspektive, kann man sich ohne Angst vor Abwertung und für Ergänzungen öffnen und aus diesem Grund gehört eine reflektierte Selbstwahrnehmung, ebenso wie Begegnungs- und Dialogfähigkeit zu Leadership (von Velasco, 2017, S. 190).

Für KMU in Zeiten der Veränderung hält von Gunten (2020, Kap. Personal und Kow-how, Abs. 12) den Umfang an Wissen und Fachkompetenz als erfolgsentscheident. Viele Probleme innerhalb der KMU gründen oft auf mangelhaftem Wissen oder fehlenden Fähigkeiten innerhalb des Unternehmen, es wäre daher nur logisch, schnellstmöglich das Phlegma der Vergangenheit abzulegen und sich fachlich fundiertes Wissen anzueignen (von Gunten, 2020, Kap. Personal und Kow-how, Abs. 12).

Bartscher und Nissen (2018) definieren fachliche Kompetenzen als erforderliche Fähigkeiten, um fachbezogenes und fachübergreifendes Wissen zu verknüpfen, zu vertiefen, kritisch zu prüfen sowie Handlungszusammenhänge anzuwenden.

Von Gunten (2020, Kap. Exkurs: Wissen & Fähigkeiten in einer unsicheren Welt, Abs. 31) betont, dass es sich kein Unternehmen in herausfordernden Zeiten leisten kann, auf diesen Vorteil zu verzichten. Die Aneignung, wie auch die Expansion von betriebswirtschaftlichem Wissen muss, um erfolgsentscheidend zu sein, parallel mit der Entwicklung von unternehmerischen Handlungsweisen und Mindsets erfolgen (von Gunten, 2020, Kap. Persönliche Kompetenz – psychologische Erfolgskomponenten, Abs. 5).

Maxwell (2012, S. 61) schreibt, dass Information für eine Führungskraft enorm wichtig ist, jedoch erforderlich sind der Gesamtüberblick, das Verständnis für die involvierten Faktoren sowie eine Vision für die Zukunft. Nach Maxwell (2012, S. 61) macht Wissen allein keinen zur Führungskraft, jedoch ohne das nötige Wissen kann man meist keine Führungskraft werden.

In der Führung von Menschen spielt die Dialogbereitschaft und die Kommunikation eine Schlüsselrolle. Leadership, besonders in Krisenzeiten oder in einem Change Prozess, verlangt besonders flexible Führung, mit klarer Kommunikation und Fokussierung auf das Kommende (Kerzel, 2017, S. 90).

Treichel (2017, S. 172) schreibt hierzu, dass die Kommunikation zwischen Führung und Geführten, als auch die konzeptionelle Veränderung von Werten der Mitarbeiter*innen langfristig zur Leistungssteigerung führt. Sowohl zur Effizienzsteigerung von Prozessen, als auch für die Entwicklung der Belegschaft und zur Sicherung des Unternehmens, erfordert Leadership transaktionale und transformationale Ziele (Treichel, 2017, S. 172). Treichel (2017, S. 172) schlussfolgert, dass Leadership in Zeiten der Veränderung dafür sorgen muss, dass die zentralen Erfolgstreiber Vertrauen, Kohäsion und Kommunikation ihre optimale Wirkung entfalten können.

Fromm (2017, S. 167) führt mangelnde Kreativität und Begeisterung auf eine Atmosphäre von Enge und Misstrauen zurück. Solide und kompetente Kommunikation schafft nach Schödlbauer (2017, S. 120) Sicherheit und liefert jene Informationen, welche die Beteiligten benötigen, um sich konform der Unternehmensstrategie verhalten zu können, was wiederum dazu führt, dass die Zielabweichung verringert wird. Für Kotter (2013, S. 7) ist im Kontext mit Change Prozessen und Change Management eine intensive und überzeugende Kommunikation erforderlich, um Herz und Verstand der Geführten zu erreichen.

Von Gunten (2020, Kap. Hohe Arbeitsmoral, Abs. 23) schreibt zum Thema Kommunikation, in Bezug auf die sich im Wandel befindenden KMU, dass der Anteil an Mitarbeiter*innen aus den Generationen der Geburtenjahrgänge 1980 bis 1995 und 1995 bis 2010 naturgemäß zunimmt und Leadership in KMU berücksichtigt werden muss, dass diese Generationen großen Wert auf partnerschaftliche Führung, Anerkennung, Respekt, Unterstützung und offene Kommunikation legen.

Von Au (2017, S. 12) führt ebenfalls an, dass Führung und Mitarbeiter*innen ein gemeinsames Verständnis und eine offene Kommunikation brauchen. Nach Kotter (2013, S. 140) gehören bei einem Change die Kernelemente Vision, Empowerment und Kommunikation, rasch implementiert und damit dies schnell genug geschieht, benötigt man kompetente Führungspersönlichkeiten. Für von Gunten (2020, Kap. Strategieumsetzung, Abs. 8) ist die Kommunikation des Leadership in Change Prozessen unerlässlich und mitentscheident für den Erfolg.

Kotter (2013, S. 8) warnt, dass nichts einen Wandel mehr beeinträchtigt als ein Widerspruch zwischen verbaler Kommunikation und dem tatsächlichem Verhalten der Schlüsselpersonen, dem Leadership. Öffentlichkeitskompetenz beinhaltet die Wahrnehmung der Führung innerhalb des Unternehmens, sie ist aber ebenso ein wichtiger Faktor für die Vertretung nach Außen - innerbetrieblich ist sie bei Change Prozessen durch eine klare, einfache und stimmige Kommunikation, verkörpert durch das Verhalten der Führungskräfte, enorm hilfreich (Kotter, 2013, S. 84). Für Pelz (2021) ist die Fähigkeit, überzeugend zu kommunizieren, eine Kompetenz, welche auch in der Entwicklung von Führungskräften erforderlich ist.

Die klare Kohärenz, der Zusammenhang von Ursache und Wirkung wie es sie in der Vergangenheit gab, ist heute kaum noch zu finden und die Ansprüche an Leadership haben sich deutlich erhöht (Schulz & Sejkora, 2017, S. 94). So verlangt man heute nach Ansicht von Schulz und Sejkora (2017, S. 94) neben betriebswirtschaftlicher, juristischer, psychosozialer Selbst- und Fachkompetenz auch eine psychische Widerstandsfähigkeit, der Resilienz. Ates und Bititci (2011) sehen Resilienz sogar als zentrale organisatorische Fähigkeit, um in turbulenten Zeiten einem KMU Nachhaltigkeit gewährleisten zu können.

Moderne Führungskräfte stehen vor vielfältigen

Herausforderungen, die ein breites Spektrum an Kompetenzen erfordern. Dabei spielen Kenntnisse, Erfahrungen und Fähigkeiten eine grundlegende Rolle. Eine erfolgreiche Führungskraft zeichnet sich nicht nur durch Fachwissen aus, sondern auch durch fachübergreifendes Verständnis und betriebswirtschaftliche Expertise.

Die Umsetzungsstärke einer Führungskraft ist von entscheidender Bedeutung. Es genügt nicht, nur Ideen zu haben; diese müssen auch effektiv in die Praxis umgesetzt werden. Hierbei kommen der Aufmerksamkeitssteuerung und Fokussierung eine zentrale Rolle zu. Eine moderne Führungskraft muss in der Lage sein, klare Prioritäten zu setzen und sich auf das Wesentliche zu konzentrieren.

Ein weiterer Schlüsselaspekt ist das Emotions- und Stimmungsmanagement. Selbstvertrauen, Durchsetzungsstärke und zielgerichtete Selbstdisziplin sind unverzichtbare Eigenschaften. Es ist wichtig, nicht nur die eigenen Emotionen im Griff zu haben, sondern auch das emotionale Klima im Team positiv zu beeinflussen.

Reflexion und Selbstreflektion sind Eckpfeiler für kontinuierliche Verbesserung. Eine moderne Führungskraft sollte in der Lage sein, das eigene Handeln kritisch zu hinterfragen und aus Erfahrungen zu lernen. Die Fähigkeit zur Begegnung und Dialogbereitschaft ist ebenfalls von großer Bedeutung. Kommunikation auf allen Ebenen, von der informellen Begegnung bis zum strategischen Dialog, ist essenziell.

Führungskompetenzen umfassen auch ein fundiertes Fachwissen. Dabei geht es nicht nur um spezifische Branchenkenntnisse, sondern auch um ein Gesamtverständnis betriebswirtschaftlicher Zusammenhänge. Eine moderne Führungskraft benötigt den Überblick über komplexe Strukturen und kann verschiedene Fachbereiche miteinander verknüpfen.

Psychische Widerstandsfähigkeit, Resilienz und Authentizität sind in dynamischen Umgebungen von unschätzbarem Wert. Eine Führungskraft muss mit Stress und Druck umgehen können, ohne dabei die eigene Integrität zu verlieren. Die klare Kohärenz von Ursache und Wirkung ist entscheidend, um Vertrauen im Team aufzubauen. Mitarbeiterinnen und Mitarbeiter müssen nachvollziehen können, warum bestimmte Entscheidungen getroffen werden.

Insgesamt ist die moderne Führungskraft eine vielschichtige Persönlichkeit. Sie vereint technische Exzellenz mit emotionaler Intelligenz, strategischem Denken mit praktischer Umsetzung. Durch kontinuierliche Weiterentwicklung und Anpassung an sich ändernde Anforderungen kann eine moderne Führungskraft nicht nur erfolgreich führen, sondern auch ein inspirierendes Vorbild für ihr Team sein.

Liebe angehende und erfahrene Führungskräfte, auf Ihrem Weg zu erfolgreicher Führung sind Selbstreflexion und ehrliche Selbstkritik Schlüsselkomponenten. In der heutigen komplexen und dynamischen Arbeitswelt sind Führungskompetenzen entscheidend. Doch wie können Sie sicherstellen, dass Sie über die notwendigen Eigenschaften verfügen?

Die Antwort liegt in regelmäßiger Selbstreflexion. Setzen Sie sich bewusst mit Ihrem eigenen Handeln, Ihren Entscheidungen und Ihrer Interaktion mit dem Team auseinander. Stellen Sie sich kritische Fragen: Haben Sie klare Prioritäten gesetzt? Wie gehen Sie mit Stress um? Sind Sie dialogbereit? Nehmen Sie sich Zeit, um Ihre Stärken und Schwächen zu identifizieren.

Ehrliche Selbstkritik erfordert Mut, denn es ist nicht immer einfach, die eigenen Fehler anzuerkennen. Doch gerade hierin liegt die Chance zur Weiterentwicklung. Schauen Sie nicht nur auf die Erfolge, sondern auch auf die Herausforderungen. Was können Sie aus den Misserfolgen lernen? Wie können Sie Ihre Führungskompetenzen gezielt verbessern?

Nutzen Sie verschiedene Methoden der Selbstreflexion. Schreiben Sie ein Führungstagebuch, in dem Sie Ihre täglichen Herausforderungen und Erfolge festhalten. Bitten Sie auch Ihre Mitarbeiterinnen und Mitarbeiter um konstruktives Feedback. Externe Sichtweisen können oft überraschende Erkenntnisse bringen.

Die Welt der Führungskompetenzen verändert sich ständig. Daher ist kontinuierliche Selbstreflexion besonders wichtig. Setzen Sie sich klare Ziele für Ihre persönliche Entwicklung. Welche neuen Fähigkeiten möchten Sie erwerben? Welche Aspekte Ihrer Führungskompetenzen können Sie weiter stärken?

Denken Sie daran, dass Selbstreflexion kein einmaliger Prozess ist. Es ist eine kontinuierliche Reise, auf der Sie sich selbst besser kennenlernen und Ihre Führungsfähigkeiten schärfen. Seien Sie offen für Veränderungen und bereit, sich anzupassen.

Letztendlich macht Selbstreflexion Sie nicht nur zu einer besseren Führungskraft, sondern auch zu einem authentischen Vorbild für Ihr Team. Indem Sie sich selbst kritisch hinterfragen, zeigen Sie, dass Sie offen für Wachstum sind. Das schafft Vertrauen und stärkt Ihre Führungswirkung.

In diesem Sinne: Setzen Sie sich regelmäßig vor den Spiegel Ihrer eigenen Selbstreflexion. Seien Sie ehrlich zu sich selbst und gestalten Sie so Ihre Reise als Führungskraft mit Weisheit und Integrität.

Führungsstile und Führungsansätze

So wie Menschen in ihren Charakteren vielseitig und komplex sind, sind auch deren Führungsstile und Vorstellungen von Leadership divergierend. Ebenso wie kein Unternehmen dem anderen gleicht und die Komplexität der Veränderung nicht immer dieselbe ist, differiert Leadership in Form und Stil (Bartscher & Nissen, 2018).

Werden Probleme wie auch Aufgaben von oben nach unten mit zunehmender Konkretisierung verteilt, bezeichnet man diese Vorgehensweise bei Problemlösungen und Entscheidungsfindungen als **Top-down Ansatz** (Müller-Stewens, 2018). Die Autorität und die Macht liegen hier eindeutig bei der Führung. Man spricht hier auch vom patriarchalischen Führungsstil, welcher in modernen Unternehmen eher nicht mehr angewendet wird (Schroer, n. d.).

Von Guten (2020, Kap. Personal und Know-how, Abs. 6, 8) schreibt, dass die diktatorische Deduktion im Gegensatz zu Vorstellungen der Generationen der Geburtenjahrgänge 1980 bis 1995 und 1995 bis 2010 steht. Er führt an, dass für diese Generationen das Wohlbefinden am Arbeitsplatz von zentraler Bedeutung ist und sie sich als kreative und leidenschaftliche Mitarbeiter*innen sehen. Speziell im Bereich KMU kann das für Führungskräfte, die nie etwas anderes als das bedingungslose Top-down-Prinzip gelebt haben, zum Problem werden (von Gunten, 2020, Kap. Personal und Know-how, Abs. 6, 8).

Von Gunten (2020, Kap. Handlungsempfehlungen für KMU, Abs. 9) weist darauf hin, dass Führungskräfte, die Mut, Ideenreichtum, Individualität und Einsatzbereitschaft nicht gezielt fördern, zukünftig mit Problemen konfrontiert sein werden. Sie laufen Gefahr, dass die Arbeitskräfte das Unternehmen mangels Attraktivität und fehlender

Wertschätzung verlassen und sie riskieren dadurch, mit den sich äußerst rasch ändernden Marktbedingungen nicht mehr mithalten zu können (von Gunten, 2020, Kap. Handlungsempfehlungen für KMU, Abs. 9).

Sollen tiefgreifende Veränderungen in einem Betrieb umgesetzt werden, müssen sich nach Bornemann (2014), die Verantwortlichen darüber Gedanken machen, wie der Change umgesetzt werden soll. Der Top-down Ansatz bringt vor allem bei strukturellen Veränderungen Probleme mit sich, denn Mitarbeiter*innen, die von oben herab angewiesen werden, speziell wenn sie dadurch selbst etwas verändern müssen, reagieren in der Regel mit Ablehnung (Bornemann, 2014).

Schroer (n. d.) führt im Kontext zum Top-down Ansatz und patriarchalischem Führungsstil Vor- und Nachteile an. Aufgrund der Tatsache, dass nur eine Person entscheidet, bedarf es keiner umfangreichen Prozesse, jedoch sind die Entscheidungen dadurch anfällig für Fehler (Schroer, n. d.).

Sehen die Mitarbeiter*innen das Kollegium als „Familie" und sind der Ansicht, dass die Führungsperson sich um sie kümmert, führt das zu einer emotionalen Bindung gegenüber dem Unternehmen (Schroer, n. d.). Auch wenn die Führung die Mitarbeiter*innen von Verantwortung entlastet und klare Strukturen vorgibt, kann das aufgrund fehlender demokratischer Entscheidungen die Arbeitsmoral drücken (Schroer, n. d.).

Schroer (n. d.) gibt an dieser Stelle auch zu bedenken, dass der Erfolg des Unternehmens von einer Person abhängt und ein plötzlicher Ausfall der Führungskraft zu einem Machtvakuum führen kann. Bornemann (2014) führt als weiteren Nachteil an, dass neben dem bereits erwähnten Widerstand der Belegschaft, der Sinn der Veränderung oft nicht bis in die unterste Hierarchieebene durchdringt bzw. verfälscht wird.

Vorteile TOP-DOWN:

➤ Keine aufwendigen und umfangreichen Prozesse.

➤ Entscheidungsgewalt liegt nur bei einer Stelle.

➤ Führung entlastet die Belegschaft von Verantwortung.

Nachteile TOP DOWN:

➤ Unternehmenserfolg ist abhängigen von den Entscheidungen einer Stelle.

➤ Unternehmenskultur und Arbeitsklima hängen von Stil und Charakter einer Stelle ab.

➤ Der geforderte Gehorsam drückt die Arbeitsmoral.

Als weitere Möglichkeit der Prozessplanung nennt Schroer (n. d.) den **Bottom-up Ansatz**, hier beginnt die Prozessplanung auf den unteren, operativen Ebenen und wird anschließend mit der Planung der jeweils nächsthöheren Ebenen abgestimmt und koordiniert. Ziel ist es daraus einen Gesamtplan für das Unternehmen abzuleiten (Schroer, n. d.).

Schroer (n. d.) gibt an, dass der Bottom-up Ansatz im Gegensatz zum Top-down Ansatz die Motivation der Mitarbeiter*innen fördert, jedoch Widersprüche bei den einzelnen Bereichsplänen entstehen können. Dieser Ansatz erfordert einen hohen Koordinationsaufwand und das Risiko besteht, dass nicht alle Teilpläne auf das Gesamtziel ausgerichtet sind (Schroer, n. d.). Nach Ansicht von Schroer (n. d.) verfügen die Mitarbeiter*innen jedoch von Anfang an über alle Informationen und dies verbessert die Umsetzung.

Bornemann (2014) bestätigt grundsätzlich die Definition von Schroer, er bezeichnet jedoch den Bottom-up-Ansatz als das Gegenstück zum Top-down-Ansatz. Er weist auch darauf hin, dass diesem Ansatz die Überzeugung zugrunde liegt, dass Führungskräfte und Mitarbeiter*innen unterer Hierarchieebenen am besten wissen, welche Veränderungen, in welchem Ausmaß erforderlich sind (Bornemann, 2014). Bornemann (2014) betont jedoch, dass Mitarbeiter*innen normativ sich nicht gerne weit aus ihrer Komfortzone herauswagen und Widerstände immer ein Thema sind und aus diesen Gründen die vorhandenen Potenziale nicht vollständig ausgeschöpft werden. Als einen weiteren Nachteil nennt er das oftmals fehlende Know-how, um bereichsübergreifende Change Prozesse zu koordinieren (Bornemann, 2014).

Vorteile BOTTOM-UP:

➢ Motivation steigt bei den Mitarbeiter*innen.

➢ Beste Information im jeweiligen operativen Bereich.

➢ Bessere Umsetzung von Plänen, da die Belegschaft von Anfang an über alle Informationen verfügt.

Nachteile BOTTOM-UP:

➢ Einzelne Bereichspläne können widersprüchlich sein.

➢ Hoher Aufwand für die Koordination.

➢Teilpläne können mitunter nicht auf das Gesamtziel ausgerichtet sein.

Nach Bornemann (2014) handelt es sich beim **Both-Directions Ansatz**, auch Gegenstromverfahren genannt, um einen Mix aus Top-down und Bottom-up Ansatz. Nach Ansicht von Bornemann (2014) ist dieser Ansatz in Bezug auf Change Management der Vielversprechendste.

Der Both-Directions Ansatz bietet den Vorteil der Umsetzungsgeschwindigkeit und ist deshalb relevant für Veränderungen, das gilt auch für die Akzeptanz und Effektivität der Mitarbeiter*innen (Bornemann, 2014). Schroer (n. d.) schreibt, dass bei diesem Gegenstromverfahren die Prozessentwicklung beim Leadership beginnt. Es definiert und kommuniziert Ziele und die Strategie, untergeordnete Stellen konkretisieren diese für die jeweils eigenen Bereiche und überprüfen die Realisierbarkeit (Schroer, n. d.). Schroer (n. d.) erwähnt an dieser Stelle, dass die erforderlichen Korrekturen oder Änderungswünsche im Kontext auf die Umsetzbarkeit der Vorgaben an übergeordnete Stellen kommuniziert werden, damit auch deren Planung entsprechend dem Feedback angepasst werden kann.

Vorteile BOTH-DIRECTIONS:

➤ Kombiniert Vorteile von Top-down und Bottom-up.

➤ Zielausrichtung bleibt erhalten.

➤ Pläne sind realistisch und umsetzbar.

➤ Akzeptanz bei den Mitarbeiter*innen wird gefördert.

Nachteile BOTH-DIRECTIONS:

➤ Hoher Koordinationsaufwand.

➤ Oft ein langwieriger Prozess.

➤Übergeordnete Stellen müssen Entscheidungen von untergeordneten Stellen akzeptieren.

Der kollaborative Stil legt den Fokus auf die Einbindung von möglichst vielen Personen, vor allem wenn es um Entscheidungen geht, welche die Zukunft eines Unternehmens betreffen (Lobinger, 2019, Kap. 4.4, Abs. 2). Beim konsultativen Stil berät sich das Leadership ebenfalls mit den Mitarbeiter*innen, holt sich Feedback, speziell wenn erforderliche Fachkenntnis gefragt ist, aber im Gegensatz zum kollaborativen Stil haben sie nur mäßigen Einfluss auf die Entscheidungen (Lobinger, 2019, Kap. 4.4, Abs. 3).

Den direkten Stil oder auch patriarchalischer Führungsstil findet man im Top-down-Ansatz (Schroer, n. d.). Er wird genutzt, um Entscheidungen von oben nach unten durchzusetzen (Müller-Stewens, 2018) und Mitarbeiter*innen haben kaum Mitspracherechte (Schroer, n. d.). Bartscher und Nissen (2018) unterscheiden hier noch die direktive Führung, sie ist ebenfalls autoritär und wird bei weniger planungsaufwendigen Aufgaben angewendet. Der Zwang-Stil ist eine verschärfte Form des patriarchalischen Führungsstiles, hier werden die Mitarbeiter*innen in keinen Prozess mit eingebunden, haben überhaupt kein Recht auf Mitsprache und werden regelrecht zur Umsetzung von Entscheidungen und Change Prozessen gezwungen (Lobinger, 2019, Kap. 4.4, Abs. 5).

Bartscher und Nissen (2018) favorisieren bei stark strukturierten, jedoch eher simplen Aufgaben den unterstützenden Führungsstil. Ihrer Argumentation zufolge resultiert die Befriedung hier aus der sozialen Situation (Bartscher & Nissen, 2018). Der leistungsorientierte Führungsstil wird nach Bartscher und Nissen (2018) für unstrukturierte oder einmalige Aufgaben eingesetzt, es werden hierfür jedoch extrem leistungsmotivierte Mitarbeiter*innen benötigt. Dieser Stil zeichnet sich u.a. durch ein hohes Maß an Leistungs- und Mitarbeiterorientierung aus (VNR Verlag für die Deutsche Wirtschaft AG, 2019). Ist es jedoch erforderlich, dass die Belegschaft zur Bewältigung ihrer Aufgaben, Kenntnisse über die Zusammenhänge benötigt, so eignet sich nach Bartscher und Nissen (2018) dafür der partizipative Führungsstil.

Transformale Führung zeichnet sich durch die Vorbildwirkung und durch die Glaubwürdigkeit der Führungskraft aus (von Schumann & Böttcher, 2017, S. 29). Für von Schumann und Böttcher (2017, S. 29) besticht diese Art der Führung vor allem durch ihre Fähigkeit, Menschen für Visionen begeistern und motivieren zu können. Mitarbeiter*innen werden individuell gefördert und zu Kreativität und Selbstständigkeit ermutigt (von Schumann & Böttcher, 2017, S. 29). Fittkau (2019) bezieht sich auf Bass und Avolio (1993) und schreibt, dass dieser Stil durch seine führungsseitigen Verhaltensmuster eine nachhaltige Veränderung der Ziele und des Werteverständnisses der Mitarbeiter*innen fördert. Die transaktionale Führung orientiert sich an den erbrachten Leistungen und belohnt Mitarbeiter*innen dafür, sie übt proaktiv Kontrolle aus und reagiert situativ bzw. greift nur ein, wenn tatsächlich Bedarf besteht (von Schumann & Böttcher, 2017, S. 29). Fittkau (2019) bezieht sich in seiner Argumentation auf Bass und Avolio (1993) und die Problematik der nicht unerschöpflichen Ressourcen. Er definiert die transaktionale Führung als einen rein ökonomischen Austausch und weist darauf hin, dass in wirtschaftlich kritischen Situationen, wo von den Betroffenen die Bereitschaft zur Mehrleistung ohne Ausgleich erforderlich ist, es deshalb zu Problemen kommt, weil mitunter die extrinsische Motivation, durch äußere Zwänge motiviert, ausbleibt (Fittkau, 2019). Für von Schumann und Böttcher (2017, S. 29) spricht man von Laissez-Faire Führung, wenn das Führungsverhalten sehr passiv ist, sie bezeichnen es auch als Nicht-Führen. Ist Leadership in der Lage, situativ ihr Führungsverhalten anzupassen und kann es die ganz Bandbreite von transformaler über transaktionale bis hin zur Laissez-Faire Führung ausschöpfen, bezeichnet man dies als Full-Range-of-Leadership-Theorie (von Schumann & Böttcher, 2017, S. 29).

Weiter schreiben von Schumann und Böttcher (2017, S. 28, 44), dass Coaching als Führungsstil bereits seit einigen Jahren im deutschsprachigen Raum akzeptiert wird. Leadership übernimmt die Aufgaben und die Verantwortung eines Coaches. Es versteht sich als Mentor ihrer Mitarbeiter*innen und fördert sie individuell, der Situation und den Bedürfnissen angepasst (von Schumann & Böttcher, 2017, S. 28, 44). Es handelt sich dabei nach Schumann und Böttcher (2017, S. 44) um einen sehr entwicklungsorientierten Führungsstil, der im Wesentlichen auf Veränderungen ausgerichtet ist.

Nach Bruton (2019) ist flexible Führung erlernbar, ein Produkt psychologischer Anpassungsfähigkeit der Führungskraft und ein kritischer Erfolgsfaktor. Richtig angewandt ist sie für die Erreichung bestimmter Ziele sehr nützlich, jedoch weist die

Definition der für flexible Führung förderlichen Attribute noch Lücken auf (Bruton, 2019).

Wenn Führungskräfte ihre Mitarbeiter*innen darin unterstützen, ihre Aufgaben im Sinne der Unternehmensstrategie und -ziele selbst zu organisieren und zu erfüllen, ihnen Möglichkeiten und Ressourcen zur Verfügung stellen, ihre Fähigkeiten zu entwickeln und sie in ihrer Entwicklung zu fördern und zu motivieren, spricht man von Servant Leadership (Su, Lyu, Chen, & Zhang, 2020). Salimi (n. d.) schreibt hierzu, dass dieser Führungsstil den Mitarbeiter*innen nicht vorgibt, wie sie ihre Aufgaben umsetzen müssen, sondern sie in der Selbstorganisation unterstützt. Dieser Führungsstil gibt den betroffenen Mitarbeiter*innen Sicherheit und ein Gefühl der Selbstverantwortlichkeit, was wiederum zu erhöhtem Engagement führt (Salimi, n. d.). Für Su et al. (2020) steht intrinsische Motivation in Verbindung mit Servant Leadership. Ergebnisse bescheinigen, dass durch diese Art der Motivation das Agieren der Mitarbeiter*innen in Bezug auf Veränderungen innovativer wird (Su, Lyu, Chen, & Zhang, 2020).

In der lebhaften und sich ständig wandelnden Arbeitswelt kommt es mehr denn je darauf an, einen Führungsstil zu entwickeln, der die Vielfalt der Generationen am Arbeitsplatz anerkennt und schätzt. Diese Vielfalt birgt nicht nur Herausforderungen, sondern auch die Möglichkeit, ein inspiriertes und hochmotiviertes Team zu formen, besonders in Phasen des Wandels.

Die gegenwärtige Generation schätzt eine moderne Führung, die sich durch ihre Anpassungsfähigkeit, klare Wertvorstellungen und eine ausgesprochene Mitarbeiterzentrierung auszeichnet. Führungskräfte werden zunehmend als Mentoren und Unterstützer wahrgenommen, die ihre Teams nicht nur mit klaren Zielen führen, sondern auch Verantwortung delegieren und die Ressourcen für den Erfolg bereitstellen. Diese evolutionäre Herangehensweise fördert nicht nur individuelles

Wachstum, sondern schafft auch eine Atmosphäre des Vertrauens und der partnerschaftlichen Zusammenarbeit.

Ein weiterer bedeutender Aspekt ist die werteorientierte Führung, die die unterschiedlichen Werte und Ziele der verschiedenen Generationen in den Fokus rückt. Führungskräfte müssen ein tiefgreifendes Verständnis für die individuellen Prägungen und Wertvorstellungen ihrer Mitarbeiter*innen entwickeln, um Missverständnisse zu vermeiden und eine wirkungsvolle Führung zu gewährleisten. Diese Sensibilität ermöglicht es, Brücken zwischen den Generationen zu schlagen und eine Kultur zu fördern, die die Einzigartigkeit jedes Teammitglieds schätzt.

Die Anpassungsfähigkeit von Führungskräften während Veränderungsprozessen wird zu einem entscheidenden Erfolgsfaktor. Indem sie die unterschiedlichen Bedürfnisse ihrer von der Veränderung Betroffenen ernst nehmen und flexibel auf Veränderungen reagieren, schaffen sie ein Umfeld, in dem die Beteiligten motiviert sind, aktiv am Wandel teilzunehmen. Ein Fokus auf kontinuierliche, offene Kommunikation gewährleistet, dass jedes Teammitglied sich nicht nur gehört, sondern auch verstanden fühlt.

Insgesamt liegt die Zukunft der Führung in der Kunst, die Vielfalt der Generationen zu verstehen und zu würdigen. Führungskräfte, die einen ansprechenden, unterstützenden und werteorientierten Führungsstil kultivieren, setzen nicht nur auf den individuellen Erfolg ihres Teams, sondern prägen auch eine visionäre Unternehmenskultur. In einer Welt des ständigen Wandels zeigt sich der wahre Wert der Führung darin, wie geschickt sie die unterschiedlichen Bedürfnisse ihrer Mitarbeiter*innen erkennt und darauf reagiert, um gemeinsam das angestrebte Ziel zu erreichen.

Leadership Mindset

Leadership ist mehr als eine Position – es ist eine geistige Einstellung, ein Mindset, das den Erfolg eines Teams oder Unternehmens maßgeblich beeinflusst. Nach Kerzel (2017, S. 95) ist das Leadership Mindset eine Kombination aus Haltung, Erwartung und Überzeugung, die Führungskräfte befähigt, andere zu leiten und effektiv im Team zu arbeiten.

Ein prägnantes Beispiel für dieses Mindset findet sich in der Analogie zwischen Abellio Deutschland und der Endurance-Expedition von Sir Ernest Shackleton. Shackleton betonte die Bedeutung einer klaren Vision, des Verantwortungsgefühls und der Verpflichtung gegenüber den Menschen und Zielen. Für ihn waren dies entscheidende Eigenschaften einer erfolgreichen Führungspersönlichkeit. Darüber hinaus spielten die Qualität der Performance und die Fähigkeit, erfolgreich mit Veränderungen umzugehen, eine zentrale Rolle im Leadership Mindset (Kerzel, 2017, S. 96).

In Anlehnung an "The five practices of exemplary leadership" von Kouzes und Posner können fünf Schlüsselschritte identifiziert werden, um geplante Veränderungen erfolgreich umzusetzen (2007, S. 14):

„Model the Way - Inspire a Shared Vision - Challenge the Process - Enable Others to Act - Encourage the Heart"

Das ideale Leadership Mindset zeichnet sich durch die Fähigkeit aus, eine klare Vision zu entwickeln, Verantwortung zu übernehmen, Menschen zu motivieren und Veränderungen erfolgreich zu bewältigen. Es ist geprägt von einer positiven Haltung, die andere inspiriert und Raum für individuelle

Entfaltung schafft. Dabei sind Qualitäten wie Integrität, emotionale Intelligenz und die Fähigkeit zur Anpassung entscheidend.

Besonders in kleinen und mittleren Unternehmen, wo Ressourcen begrenzt sind, wird die Bedeutung eines starken Leadership Mindsets deutlich. Führungskräfte in KMU müssen nicht nur fachliche Kompetenz, sondern auch die Fähigkeit zur Selbstreflexion und zur Förderung eines positiven Teamklimas mitbringen. Die Zusammenarbeit verschiedener Generationen erfordert eine einfühlsame Kommunikation und den Aufbau eines respektvollen Miteinanders.

Die Führungskraft als Vorbild steht im Zentrum des Leadership Mindsets. Sie geht mit gutem Beispiel voran, inspiriert durch ihre Handlungen und schafft eine Umgebung, in der Teammitglieder ihr volles Potenzial entfalten können. Diese Einstellung ist nicht nur erfolgsrelevant, sondern auch nachhaltig, da sie auf Werten wie Vertrauen, Offenheit und Wertschätzung basiert.

Zusammenfassend ist das ideale Leadership Mindset geprägt von einer klaren Vision, Verantwortungsbewusstsein, motivierendem Handeln und der Fähigkeit, Veränderungen proaktiv zu gestalten. Es bildet die Grundlage für erfolgreiche Führung in dynamischen und herausfordernden Geschäftsumfeldern.

Fazit wissenschaftlicher Erkenntnisse zu Leadership in KMU

Liebe Führungskräfte von KMU und all jene, die es werden wollen,

im Dschungel von Management und Leadership liegt der Schlüssel zum Erfolg in einem ganzheitlichen Mindset. Die Kunst liegt nicht nur im "Was", sondern vor allem im "Wie". Ihre Führung sollte eine harmonische Verbindung verschiedener Charaktermerkmale sein, die von Authentizität über Emotionsmanagement bis zur Weitsicht reicht.

Denken Sie an die Bedeutung Ihrer Werte, sie sind nicht nur schmückendes Beiwerk, sondern das Fundament Ihres Unternehmens. Klare Prinzipien schaffen nicht nur Verlässlichkeit, sondern stärken auch die Identität. In der Welt der ständigen Veränderungen bleibt Ihre Werthaltung der konstante Kompass.

Seien Sie nicht nur Führungskräfte, sondern Wegbereiter für individuelle und kollektive Exzellenz. Ihre Werte sind nicht nur Schlagwörter, sondern Ihre strategischen Verbündeten. Erinnern Sie sich daran, dass Ihr Leadership Mindset nicht nur auf dem Papier existieren sollte. Es muss in Ihrem täglichen Handeln deutlich werden. Seien Sie die Verkörperung der Werte, die Sie für Ihr Unternehmen gewählt haben, und lassen Sie sie durch Ihr Taten sprechen.

Ihre Mitarbeiter*innen sehen in Ihnen nicht nur einen Vorgesetzten, sondern auch ein Vorbild. Ihre Werte sind der Kompass, der Sie durch Herausforderungen und Veränderungen leitet. Vertrauen Sie darauf, dass sie nicht nur richtungsweisend sind, sondern auch den Weg zu nachhaltigem Erfolg ebnen. In einer Welt des ständigen Wandels zeigt sich der wahre Wert der Führung darin, wie geschickt sie die unterschiedlichen

Bedürfnisse ihrer Mitarbeiter*innen erkennt und darauf reagiert, um gemeinsam das angestrebte Ziel zu erreichen.

Seien Sie Visionäre, die nicht nur den Status quo akzeptieren, sondern eine Kultur schaffen, die Innovation und Wachstum fördert. Ihre Werte leiten Sie durch Herausforderungen und Veränderungen. Setzen Sie sich klare Ziele für Ihre persönliche Entwicklung. Welche neuen Fähigkeiten möchten Sie erwerben? Welche Aspekte Ihrer Führungskompetenzen können Sie weiter stärken?

Denken Sie daran, dass Selbstreflexion kein einmaliger Prozess ist. Es ist eine kontinuierliche Reise, auf der Sie sich selbst besser kennenlernen und Ihre Führungsfähigkeiten schärfen. In diesem Sinne: Seien Sie ehrlich zu sich selbst und gestalten Sie so Ihre Reise als Führungskraft mit Weisheit und Integrität. Das ideale Leadership Mindset ist der Schlüssel für erfolgreiche Führung in dynamischen und herausfordernden Geschäftsumfeldern.

In der Evolution Ihrer Führung liegt die Kraft, die Zukunft zu gestalten und Spitzenleistungen zu erreichen – sehen Sie sich als Pionier, als Vorreiter Ihres eigenen Erfolges!

3. Change Management

Herzlich willkommen im faszinierenden Universum des Change Managements! Hier geht es nicht nur darum, Veränderungen zu managen, sondern auch um den kraftvollen Tanz zwischen bewährter Theorie und den inspirierenden Erfahrungen versierter Führungskräfte.

Starten Sie mit einem Blick auf wissenschaftlich fundierte Grundlagen, um später in den Geschichten der Praktiker Konvergenzen zu entdecken, die Sie überraschen werden. Bereiten Sie sich darauf vor, die dynamische Verbindung zwischen Theorie und Praxis zu erleben – Change Management in all seiner faszinierenden Vielfalt!

Begriffsabgrenzung

Change Management definiert sich als Tool, welches hauptsächlich für die Vorbereitung einer bewussten Veränderung verantwortlich ist. Zu den Aufgaben des Change Managements gehören, den Ablauf des Veränderungsprozesses zu definieren, zu regeln wie eine Veränderung beantragt wird, wer sie genehmigt, wie sie verifiziert, umgesetzt und woran der Grad des Erfolges gemessen wird (Lobinger, 2019, S. Kap. 8, Abs. 1).

Change Management wird auch angewendet, wenn Entwicklungen eingetreten sind, mit denen gerechnet wird, die Veränderungen verlangen und die begleitet, planvoll und aktiv gelenkt werden müssen (Schmid 2012, zitiert nach von Au, 2017).

Eine Veränderung benötigt einen gewissen Umfang, muss gewisse Kriterien erfüllen, damit Change Management überhaupt erforderlich wird und funktionieren kann. Die

Veränderung muss unternehmensrelevant und nachhaltig sein, sie muss mehrere Hierarchiestufen und Mitarbeiter*innen tangieren (Lobinger, 2019, S. Kap. 3.1, Abs. 2).

Change Management ist auch die bewusste, kontinuierliche und fortlaufende Anpassung von Unternehmensstrategien und Unternehmensstrukturen an veränderte Rahmenbedingungen (Schewe, 2018).

Change Management benötigt Leadership, denn jede bewusste Veränderung muss geführt und begleitet werden, ohne Führung ist ein umfassender und nachhaltiger Wandel unweigerlich zum Scheitern verurteilt (Kotter, 2013, S. V).

Change Management ist ein systematischer und strukturierter Ansatz zur Planung, Implementierung und Steuerung von Veränderungen in einem Unternehmen. Nach einer umfassenden Analyse aller Prozessabläufe erfolgt eine strukturierte Umwandlung, bei der jeder Abschnitt der Veränderung, Planung, Steuerung, Kontrolle und nachhaltiger Festigung bedarf. Dieses zeitlich begrenzte und in der Regel von Führungskräften gesteuerte Projekt zielt darauf ab, eine weitreichende Veränderung innerhalb des Unternehmens zu bewirken. Change Management kennt eine Vielzahl von Methoden und Werkzeugen, die darauf abzielen, sicherzustellen, dass Change Prozesse effizient, effektiv und mit minimalen Störungen umgesetzt werden. Trotz seiner zeitintensiven Natur und der möglichen zusätzlichen Kosten ist Change Management von entscheidender Bedeutung für den erfolgreichen Wandel in Unternehmen.

Was genau versteht man unter Change Management?

Change Management ist Ihr Schlüssel, um Veränderungen bewusst und erfolgreich zu planen. Dieses Buch enthält eine klare Definition und wertvolle Einblicke, um Change Management besser zu verstehen. Entdecken Sie, warum erfolgreiche Veränderungen für Ihr Unternehmen von Bedeutung sind und wie Leadership eine entscheidende Rolle spielt, um sicherzustellen, dass der Wandel erfolgreich ist. Verinnerlichen Sie wie wichtig es ist, klare Strategien und Strukturen für Ihr Unternehmen zu entwickeln und erkennen Sie die entscheidende Bedeutung von Change Management.

Einfach ausgedrückt ist Change Management ein Werkzeug für Unternehmen, um Veränderungen bewusst zu planen und umzusetzen. Damit es erfolgreich ist, muss die Veränderung wichtig für das Unternehmen sein, nachhaltig und viele Mitarbeiter*innen betreffen. Es beinhaltet auch, die Strategien und Strukturen des Unternehmens ständig an neue Bedingungen anzupassen. Leadership ist wichtig, um Veränderungen effektiv zu führen und sicherzustellen, dass der Wandel erfolgreich ist.

Wie lange dauert Change Management?

Der Faktor Zeit ist im Change Management von zentraler Bedeutung, da er häufig mit Unsicherheit und Unklarheit verbunden ist. Veränderungsprozesse sollen schnell und effizient umgesetzt werden, eine feste Zeitangabe ist jedoch nicht möglich. Der Zeitaufwand hängt stark von der Größe und dem Umfang der Veränderung ab. Dies kann Ängste bei Führungskräften und Betroffenen auslösen, die gerne wissen würden, wie lange der Prozess dauern wird, um sich besser darauf vorbereiten zu können.

Es ist wichtig zu betonen, dass es keine One-Size-Fits-All-Antwort gibt, da jeder Veränderungsprozess einzigartig ist. Der Zeitrahmen wird durch verschiedene Faktoren beeinflusst, darunter die Komplexität der Veränderung, die Größe der Organisation, die Akzeptanz der Beteiligten und die Effektivität der Implementierung. Grundsätzlich ist es ratsam, einen realistischen Zeitplan zu erstellen, der die spezifischen Anforderungen und Gegebenheiten des jeweiligen Change-Prozesses berücksichtigt.

Ein offener Kommunikationsfluss ist entscheidend, um etwaigen Zeitbedenken vorzubeugen. Führungskräfte sollten klar kommunizieren, dass der Prozess Zeit braucht, um nachhaltig und effektiv zu sein. Gleichzeitig sollten sie regelmäßig Updates und Meilensteine teilen, um Transparenz zu gewährleisten und das Vertrauen der Beteiligten zu stärken. Letztendlich kann ein flexibler Ansatz, der auf kontinuierlichem Feedback basiert, dazu beitragen, den Zeitfaktor erfolgreich zu managen und eine positive Einstellung gegenüber dem Veränderungsprozess zu fördern.

Welchen Nutzen hat Change Management?

Philosophisch betrachtet könnte man die Frage von Führungskräften, nach dem Nutzen des Change Managements als Ausdruck ihres tiefen Wunsches nach Sinnhaftigkeit und Fortschritt in ihrer Organisation sehen. In einer sich ständig wandelnden Welt suchen sie vielleicht nach einem klaren Fixpunkt, der es ihnen ermöglicht, sicher durch die Unsicherheiten des Wandels zu navigieren und gleichzeitig positive Veränderungen herbeizuführen. Auf einer tieferen Ebene spiegelt die Frage nach dem Nutzen von Change Management auch das Streben nach einer harmonischen Balance zwischen Stabilität und Entwicklung wider.

Fachlich betrachtet könnte die Frage der Führungskräfte nach dem Nutzen des Change Managements auf einer pragmatischen Ebene in der Unsicherheit und Komplexität des modernen Geschäftsumfelds begründet sein. Change Management bietet konkrete Vorteile wie die Steigerung der Anpassungsfähigkeit, die Förderung von Innovationen, die Verbesserung der Mitarbeiterengagement und die Sicherstellung einer effizienten Umsetzung von Veränderungen. Es dient als strategisches Werkzeug, um die Organisationsleistung zu optimieren und auf dynamische Marktbedingungen flexibel zu reagieren. Darüber hinaus kann erfolgreiches Change Management einen nachhaltigen Wettbewerbsvorteil schaffen, indem es eine Kultur der kontinuierlichen Verbesserung fördert und die Organisation auf eine erfolgreiche Zukunft ausrichtet.

Funktioniert Change Management „von oben" oder „von unten"?

Change Management kann effektiv sowohl "von oben" als auch "von unten" implementiert werden, und die Wahl hängt von verschiedenen Faktoren ab, darunter die Art der Veränderung, die Unternehmenskultur und die spezifischen Herausforderungen. "Von oben" bedeutet, dass die Initiative von der Unternehmensführung ausgeht, während "von unten" den Fokus auf die Einbindung und Beteiligung der Belegschaft legt.

In vielen Fällen ist eine ganzheitliche Herangehensweise erforderlich, bei der beide Richtungen kombiniert werden. Ein Top-Down-Ansatz ist oft effektiv, um eine klare Vision, Strategie und Ressourcenbereitstellung sicherzustellen. Die Führungsebene schafft den Rahmen und setzt die Ziele für die Veränderung. Gleichzeitig ist es entscheidend, die Mitarbeiter*innen "von unten" einzubeziehen, um deren Perspektiven, Bedenken und Ideen zu berücksichtigen. Dies fördert die Akzeptanz und das Engagement auf allen Ebenen.

Skepsis und Misstrauen können entstehen, wenn Veränderungen zu stark von oben diktiert werden, ohne die Bedürfnisse und Perspektiven der Betroffenen ausreichend zu berücksichtigen. Ein rein autoritärer Ansatz könnte zu Widerstand und Unzufriedenheit führen. Eine offene Kommunikation zu pflegen und sicherzustellen, dass die Mitarbeiter*innen eine Stimme haben, ist daher wichtig.

Ein erfolgreicher Wandel erfordert eine ausgewogene Mischung aus Führung von oben und Beteiligung von unten. Dies ermöglicht eine ganzheitliche Sichtweise, die sowohl die strategischen Ziele als auch die Realitäten auf der operativen Ebene berücksichtigt. Transparente Kommunikation, Schulungen, partizipative Entscheidungsfindung und die

Schaffung eines gemeinsamen Verständnisses für die Notwendigkeit des Wandels können dazu beitragen, Skepsis abzubauen und Vertrauen aufzubauen. Letztendlich geht es darum, eine Kultur des Wandels zu schaffen, die von allen Ebenen der Organisation geteilt wird.

Modelle zur Umsetzung von Change-Prozessen

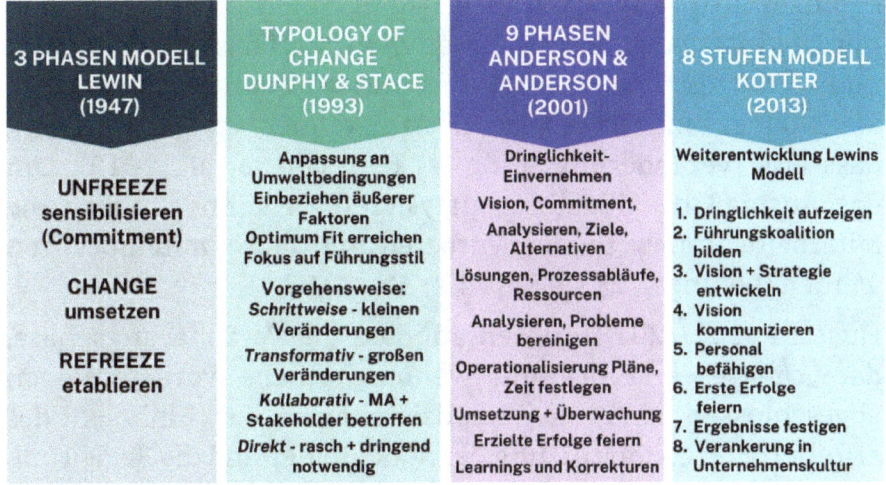

Abbildung 4, Auswahl an Change Management Modellen

Kurt Lewins 3 Phasen Modell

Eines der ältesten Modelle zur Umsetzung von Veränderungen und das Grundgerüst für viele Weitere, ist nach Ausführung von Lobinger (2019, Kap. 4.2, Abs. 1) das 3 Phasen Modell des Soziologen Kurt Lewin (1947). Ursprünglich wurde es verwendet, um soziale Veränderungsprozesse in einer Gesellschaft zu erklären, wurde jedoch alsbald für Organisationen adaptiert und auch angewendet (Change Management, 2018, S. 3).

Lewins Modell beruht auf der Annahme, dass bei der Herbeiführung von Veränderungen und Wandel in einer Organisation, es zwei konkurrierende Kräfte gibt. Die „driving forces" sind jene Kräfte, welche die Veränderungen befürworten und den Wandel vorantreiben und die „restraining forces", die eben dies verhindern wollen. Damit die Veränderungen umgesetzt werden können, müssen die Befürworter*innen gestärkt und die verweigernden Kräfte geschwächt werden (Change Management, 2018, S. 3).

Im Kontext zu Change Management befassen sich neben Lobinger (2019, Kap. 4.2, Abs. 1-6) auch Hussain et al. (2018) mit Lewins Modell, sie benennen die erste Phase als *„unfreeze"* und halten fest, wie wichtig es ist, die Ist-Situtation aufzutauen. Stakeholder und Employer sollen erkennen und akzeptieren, dass eine Veränderung nötig ist (Hussain, et al., 2018). Um das Ausmaß des Wandels analysieren zu können, sollen die Mitarbeiter*innen in der Vorbereitungsphase miteinbezogen werden (Lobinger, 2019, Kap. 4.2, Abs. 4).

Hussain et al. (2018) führen an, dass die Veränderungsphase, der *„change"* erst beginnt, wenn sämtliche Vorbereitungen abgeschlossen sind, das impliziert auch das Einholen der erforderliche Unterstützung der Stakeholder und die Begleitung sowie Überwachung der Change Prozesse durch die für die Veränderung verantwortlichen Führungskräfte (Lobinger, 2019, Kap. 4.2, Abs. 6).

In der dritten und abschließenden Phase, bezeichnet auch als *„refreezing"* , soll sichergestellt werden, dass die Veränderungen nachhaltig sind und die erreichten Ziele stabilisiert werden (Hussain, et al., 2018). Nach Ansicht von Lobinger (2019, Kap. 4.2, Abs. 1-6) dauert es oft länger, als zu Beginn angenommen wird, bis die Veränderungen zur neuen Normalität werden.

Lewin's Modell gilt als Grundlage für Kotters Acht-Phasen-Modell (Lobinger, 2019, Kap. 4.2, Abs. 1-6).

Kotters 8 Phasen Modell

Kotter formuliert acht Phasen, die bei Change Prozessen zu beachten sind (Lobinger, 2019, Kap. 4.1, Abs. 1). Nach Kotter (2013, S. 31) liegt in der ersten Phase der Schwerpunkt auf der Erzeugung eines Gefühles der Dringlichkeit. Lobinger (2019, Kap. 4.1, Abs. 2) nennt sie *„Establish a Sense of Urgency"*, und um sich die erforderliche Kooperationsbereitschaft zu sichern, soll in dieser Phase bei allen Beteiligten das essenziell wichtige Gefühl der Notwendigkeit für eine Veränderung hervorgerufen werden.

Kotter (2013, S. 31, 137) führt hier an, dass eine tiefgreifende Veränderung nicht erfolgreich umgesetzt werden kann, wenn innerhalb der Führung die Selbstgefälligkeit in zu großem Maß vorhanden ist. Sollten, wie Kotter (2013, S. 31) angibt, die Stakeholder nicht in ausreichendem Maß empfinden, wie enorm wichtig die Veränderung ist, daraus resultiert, dass es problematisch wird ein Team mit genügend Überzeugungskraft zusammen zu stellen, das den Change Prozess leitet. Dem Team wird es an Kraft und Glaubwürdigkeit mangeln und es wird für sie schwer werden, weitere Schlüsselpersonen davon zu überzeugen, Zeit und Energie in die einzelnen Schritte des Change Prozesses zu investieren (Kotter, 2013, S. 31).

Burnes (2015) führt hierzu an, dass diese wichtige Phase erleichtert wird, wenn ein Unternehmen sich in einer Krise befindet oder eine potenzielle Krise zu erwarten ist. Grund dafür ist, dass sich in kritischen Phasen die innerbetriebliche Dissonanz erhöht und der Wunsch nach Veränderung laut wird und sich der Widerstand infolgedessen verringert (Burnes, 2015). Burnes (2015) betont weiter, dass es in diesem Fall sogar sein kann, dass radikale Veränderungen akzeptiert werden.

In der folgenden zweiten Phase soll, wie bereits angemerkt, eine Führungskoalition gebildet werden, denn nach Ansicht von Kotter (2013, S. 45, 48) kann eine Person die Anforderungen und Umsetzungen im Regelfall nicht alleine bewältigen.

Der nächste Schritt widmet sich der Entwicklung einer Vision und Strategie, hier ist es nach Kotter (2013, S. 59-60) essenziell wichtig, Zukunftsbilder, Wege und Prozesse so bildlich und inspirierend wie möglich zu gestalten, damit es für die

Beteiligten erstrebenswert ist, ein aktiver Teil der Veränderung zu sein, um so eine neue erwünschte Zukunft entstehen zu lassen.

In weiterer Folge gehört die Vision kommuniziert, das ist eine diffizile Aufgabe (Kotter, 2013, S. 73). Ist an dieser Stelle des Wandels nach Ansicht von Kotter (2013, S. 73) die Kommunikation mangelhaft, liegt es durchaus im Bereich des Möglichen, dass die Transformation abgebrochen werden muss. Ein Grund dafür kann zu wenig Kommunikation der Führungskräfte mit den Schlüsselpersonen bzw. den relevanten Beteiligten sein (Kotter, 2013, S. 73).

Wenn jedoch die Mitarbeiter*innen bereits die Vision verstehen und motiviert sind, diese in die Realität umzusetzen, ist nach Kotter (2013, S. 87) darauf zu achten, dass sie auch mit den nötigen Ressoucen ausgestattet werden und es müssen ebenfalls Defizite bei geforderten Qualifikationen beseitigt werden.

In der folgenden Phase 6 bezieht sich Kotter auf die Bedeutung und Auswirkungen von schnell und sichtbar generierten Erfolgen, denn sie fördern die Transformation. Seinen Angaben nach, können diese ersten Erfolge, den für den Change Verantwortlichen bereits helfen, die Feinjustierung von Vision und Strategie zu verbessern. Kotter führt hier auch noch an, dass eventuell vorhandene Kritiker*innen und potentielle Verhinderer geschwächt werden, noch vorhandener Widerstand verringert wird und aus Unentschlossenen Verbündete werden (Kotter, 2013, S. 99,103).

Um bereits erzielte Ergebnisse zu konsolidieren und weitere erforderliche Change Prozesse zweckdienlich und sinnvoll anzustoßen, ist es erforderlich, für vermehrte Unterstützung zu sorgen (Kotter, 2013, S. 121). Kotter (2013, S. 121) benennt an dieser Stelle das Identifizieren, Abschaffen oder Vereinfachen von hinderlichen Kräften als weitere Aufgaben des Change Management.

Die Anpassung und Verankerung von gemeinsamen Werten,

wie auch der Verhaltensnormen ist von große Bedeutung, denn sie werden in der Regel, zukünftig an die nächste Generation von Mitarbeiterinnen und Mitarbeitern weitergegeben. Der Argumentation zufolge fällt dieser Teil des Change Management in die Verantwortung des Leadership (Kotter, 2013, S. 123, 125-126).

Dunphy And Stace's Typology Of Change

Nach Lobinger (2019, Kap. 4.4, Abs. 1), er bezieht sich hier auf Dunphy und Stace (1993) ist deren Ansatz ein Weiterführender. Das Modell basiert darauf, dass nicht alle Unternehmen gleich zu behandeln sind, da sie normativ, mehr oder weniger different sind und die Annahme erscheint sinnvoll, dass verschiedene, situativ angepasste Wege zu wählen sind, um Veränderungen anzustoßen und umzusetzen (Dunphy & Stace, 1993 zitiert nach Lobinger, 2019, Kap. 4.4, Abs. 1). Durch die Anpassung der Strategie an die jeweiligen Umweltbedingungen soll der „Optimum Fit" Zustand erreicht werden (Dunphy & Stace, 1993).

Juneja (n.d.) interpretiert das Modell von Dunphy und Stace (1993) als kontingente weiter entwickelte Version von Lewins 3-Stufenmodell, dessen Fokus sich nicht nur auf die Miteinbeziehung äußerer Faktoren, sondern sich auch auf den Führungsstil richtet, da dieser einen erfolgsentscheidenden Schlüsselfaktor darstellt.

Lobinger (2019, Kap. 4.4, Abs. 2-10) schlussfolgert in Bezug auf Dunphy und Stace (1993), dass je nachdem wie kollaborativ, konsultativ, direkt bzw. zwingend ein Führungsstil ist, daraus vier Wege für die Umsetzung von Veränderungen abgeleitet werden können.

Geht es um nicht umfangreiche oder schnelle Change Prozesse, sondern um eher kleinere Änderungen, weil sich das Unternehmen bereits sehr nahe am oder auch schon im „Optimum Fit" Bereich befindet, empfiehlt Lobinger (2019, Kap. 4.4, Abs. 7) in Bezug auf Dunphy und Stace (1993) eine schrittweise Vorgehensweise.

Bei einer Transformation bedarf es tiefgreifender Change Prozesse, wenn der Betrieb außerhalb des „Optimum Fit" Bereiches ist (Dunphy & Stace, 1993 zitiert nach Lobinger, 2019, Kap. 4.4, Abs. 8).

Sollten jedoch mehrheitlich Mitarbeiter*innen oder Stakeholder betroffen sein, ist eine kollaborative Veränderung nach Lobinger (2019, Kap. 4.4, Abs. 9) in Bezug auf Dunphy und Stace (1993) anzustreben.

Ist eine rasche und dringende Veränderung notwendig und stößt man dabei auf massiven Widerstand, so kann dieser Change Prozess nur mit einem direkten Führungsstil bewältigt werden, jedoch ist diese Vorgehensweise nicht für Großprojekte geeignet, denn auf lange Sicht leiden die Moral und die Unternehmenskultur darunter (Dunphy & Stace, 1993 zitiert nach Lobinger, 2019, Kap. 4.4, Abs. 10).

Juneja (n. d.) und Lobinger (2019, Kap. 4.4, Abs. 11) führen an, dass für Dunphy und Stace (1993) daraus fünf Arten der Veränderung resultieren. Während Lobinger (2019, Kap. 4.4, Abs. 12) Taylorismus, der Teilung der Arbeit in kleinste Einheiten, bei kleinen, jedoch dringenden Veränderungen, die keinen Aufschub dulden, sieht, hält es Juneja (n. d.) für die Art von Veränderung, bei der es um kleine Anpassungen geht.

Wenn es jedoch um Menschen geht, die von dem Change betroffen sind, empfiehlt Lobinger (2019, Kap. 4.4, Abs. 11) einen schrittweisen Übergang, der eine behutsame und langsamere Vorgehensweise verlangt. Juneja (n. d.) wird hier konkreter und sieht den Fokus auf der Mitarbeiterentwicklung und deren Nutzung.

Lobinger (2019, Kap. 4.4, Abs. 15) spricht von einem charismatischen Übergang, wenn ein Change in erster Linie von Begeisterung getragen werden muss. Juneja (n. d.) bezieht sich hier auf den Leader eines Change Prozesses und führt an, dass durch eine charismatische Führungskraft, welche effektive

Kommunikation und die Entwicklung von Vertrauen fördert, eine Veränderung nahezu reibungslos umgesetzt werden kann.

Stehen jedoch Entscheidungen an, welche mit der Umsetzung von weiterführenden und wegweisenden Strategien verbunden sind, die für das zukünftige Weiterbestehen eines Unternehmens notwendig sind, dann ist diese Veränderung, Lobinger (2019, Kap.4.4, Abs. 16) nennt es Kehrtwende, nach Juneja (n. d.) naturgemäß mit Autorität verbunden. Lobinger (2019, Kap.4.4, Abs. 16) ist der Meinung, dass ein derartiger Change nur durch eine autoritäre Führungskraft umgesetzt werden kann.

Anderson & Andersons Änderungsmodell

Juneja (n.d.) führt an, dass dieses Modell umfassend die Veränderungsschritte eines Changes abdeckt und ihn in zyklische Prozesse unterteilt. Die Perspektive richtet sich auf Inhalt, Menschen und Prozesse, welche voneinander abhängig sind, es resultieren daraus neun Phasen der Umsetzung (Anderson und Anderson, 2001, S. 13, 15 zitiert nach Juneja, n. d.).

In der ersten Phase muss zu Beginn, so wie beim Kotters Acht-Phasen Modell (Kotter, 2013, S. 31) und bei Lewins Drei-Phasen Modell (Hussain, et al., 2018), Einvernehmen zwischen den Stakeholdern über die Notwendigkeit bzw. Dringlichkeit der Veränderung geschaffen werden und neben der Strategieentwicklung zur Bewältigung des Changes müssen die Mitarbeiter*innen durch effektive Kommunikation und Miteinbeziehung auf die Veränderung vorbereitet werden (Juneja, n. d.).

In Phase zwei geht es um die Organisationsvision, das Commitment und die Stärkung der erforderlichen Fähigkeiten. Juneja (n. d.) hält dazu fest, dass die Mitarbeiter*innen mit der Vision und der Bereitstellung von Unterstützung so zu motivieren sind, dass sie bereit sind, die Veränderung anzunehmen und ein tiefes Verständnis dafür entwickeln. Juneja (n. d.) geht hier mit Kotter (2013, S. 45) konform und gibt an, dass es wichtig ist, bereits hier die Hauptakteure und Verantwortlichen auf allen Ebenen zu identifizieren.

Der nächste Schritt befasst sich damit, die Situation und die Anforderungen zu analysieren. Juneja (n. d.) betont, dass es wichtig ist, Ziele klar zu definieren und verschiedene Szenarien und Alternativen zu erstellen und zu bewerten. Im Bedarfsfall muss entschieden werden, was gestoppt oder abgebaut werden muss und es soll eine neue Roadmap für das Change Management erstellt werden (Juneja, n. d.).

In Phase vier müssen die organisatorischen und kulturellen Lösungen erarbeitet werden. Juneja (n. d.) begründet das damit, dass die Umsetzung der Vision nur so möglich ist und weist weiter darauf hin, dass es an diesem Punkt gilt, die gewünschten Prozesse und Strukturen festzulegen und die beteiligten Schlüsselpersonen mit den erforderlichen Befugnissen auszustatten.

Juneja (n. d.) gibt an, dass im folgenden Abschnitt analysiert wird, in welchen Schlüsselbereichen es Probleme gibt, und ein realistischer Aktionsplan zu deren Beseitigung erstellt werden soll.

Phase sechs beschäftigt sich mit dem Masterminding der Implementierungspläne, der Integration verschiedener Maßnahmen zur Erzielung von Effizienz und Optimierung und der Ressourcenverwertung. Nach Juneja (n. d.) werden in diesem Abschnitt die Operationalisierungspläne von Strategien, die Festlegung der Zeitpläne und die Verwaltung der Schlüsselprozesse zur Erreichung der Ziele implementiert.

Schritt sieben befasst sich mit der Implementierung des Masterplans. Erfolgsfaktoren sind hierfür die Reflexion, der Umgang mit offenem oder subtilem Widerstand, die Beobachtung und Bewertung von Reaktionen sowie Verhaltensmustern der Mitarbeiter*innen, konsequentes

Monitoring des gesamten Implementierungsprozesses unter Berücksichtigung kritischer Aspekte wie Kommunikation und einer Bedarfsermittlung für eventuell erforderliches Coaching und Schulung für Mitarbeiter*innen (Juneja, n. d.).

Nun folgt der Prozessabschnitt indem bereits erzielte Erfolge bzw. erreichter Status gefeiert werden und das Engagement jener Beteiligten, die sich eingebracht haben und aktiv mitgearbeitet haben, gewürdigt und sichtbar gemacht wird.

Die neunte und letzte Phase dieses Modells befasst sich mit den Learnings und den daraus abzuleitenden Korrekturen. Kontinuierliches Bewerten und Lernen, wie effektiv der gesamte Change Prozess gestaltet und implementiert wurde, verbessert die Fähigkeit und Bereitschaft eines ganzen Unternehmens für zukünftige Veränderungen (Anderson & Anderson, 2001, S. 15 zitiert nach Juneja, n.d.).

Einfluss und Relevanz von Vision, Ziel und Strategie

VISION

➤ In Zeiten der Veränderung - erfolgversprechende Vision erarbeiten (von Gunten, 2020).

➤ Menschen wollen nur jenen folgen, die über Probleme hinweg in eine positive Zukunft blicken wollen (Kouzes & Posner, 2007).

➤ Vision darf nicht unterschätzt werden, sie muss in 5 Minuten erklärt sein (Kotter, 2013).

ZIEL

➤ Transformation ist nur erfolgreich. wenn alle Beteiligten das gleiche Ziel haben (Maxwell, 2012).

➤ Vertrauen ist die Grundlage, damit gleiche Ziele angestrebt werden (von Gunten, 2020).

➤ Es ist wichtig Ziele der gewünschten Veränderung klar und spezifisch zu formuliere (Lobinger, 2019).

STRATEGIE

➤ Aus der Vision eine Strategie entwickeln sowie Formulierung und Bedingungen ans Unternehmen anpassen (Lobinger, 2019).

➤ Für die Realisierung einer Vision ist die Entwicklung einer Strategie unbedingt erforderlich (Baumast & Pape, 2013).

Von Gunten schreibt in Bezug auf KMU und wie sie einen Wandel erfolgreich meistern können, dass auch etablierte Unternehmen große Träume und Visionen haben sollen (von Gunten, 2020, Kap. Vision, Abs. 3). Gamma (2016, S. 43-58) befindet, dass eine Vision für die Fortentwicklung sinnvoll ist. Die Vision, nach Meinung von Kotter (2013, S. 59) und im Kontext zu seinen Ausführungen zu Change Prozessen, erstellt ein Bild von der Zukunft und erklärt auf implizite oder explizite Art und Weise, warum es für die Menschen erstrebenswert ist, diese Zukunft zu erschaffen und durch gemeinsames Wirken zu ermöglichen.

Für von Gunten (2020, Kap. Organisation und Strategie, Abs. 8) sind auch KMU gefordert in Zeiten der Veränderung, ihre Situation neu zu analysieren und im Sinne einer komplexen Lösung, eine erfolgversprechende Vision zu erarbeiten. Er kommt zu dem Schluss, dass die Organisation hinterfragt werden muss und die erforderlichen Geschäftsmodelle neu auszurichten sind (von Gunten, 2020, Kap. Organisation und Strategie, Abs. 8).

Nach Ansicht von Maxwell (2012, S. 218) und seiner Argumentation in Bezug auf wichtige Führungsprinzipien, bestimmt die Persönlichkeit einer Führungskraft bzw. des Leadership die Möglichkeiten eines Unternehmens, während Strukturen die Größe eines Unternehmers reglementieren, die Zielrichtung jedoch wird von der Vision vorgegeben.

Für Kouzes und Posner (2007, S. 106) liegt hier die Herausforderung bei den Führungskräften, über Chancen und Eventualitäten nachzudenken und sie in eine inspirierende Vision zu verwandeln. Kotter (2013, S. 22) ist ebenfalls der Ansicht, dass die Verantwortung beim Leadership liegt, zu bestimmen und zu visualisieren, wie die Zukunft aussehen sollte.

Kouzes und Posner (2007, S. 125, 141) argumentieren hier, dass es die Aufgabe des Leadership ist, die Menschen zu inspirieren, die Vision umzusetzen, selbst wenn es Probleme geben sollte. Sie sind der Meinung, dass Führung bzw. Führungspersönlichkeiten sich die Zukunft vorstellen können müssen. Sie schlussfolgern, dass Menschen nur jenen folgen wollen, wenn diese imstande sind, über die Probleme von heute hinweg, in eine positive Zukunft blicken zu können.

Nach Kouzes und Posner (2007, S. 125) ändert hierbei die Geschwindigkeit des Wandels nichts an dieser grundlegenden Anforderung an Leadership. In Bezug auf die Funktion und Relevanz von Leadership und den damit verbundenen Herausforderungen merken Kouzes und Posner (2007, S. 125, 141) an, dass es nötig ist, andere für eine Vision zu gewinnen und zu begeistern. Sie führen weiter an, dass die Vision bildlich ausgedrückt und zum Leben erweckt werden muss und ihrer Meinung nach reicht es nicht aus, einen Traum zu haben, sondern eine Führungspersönlichkeit muss, um das Commitment der Betroffenen zu erhalten, die Vision auch kommunizieren können und sie muss die Beteiligten begeistern und ermutigen sie mitzutragen (Kouzes & Posner, 2007, S. 34).

Kotter (2013, S. 13) schreibt im Kontext wie ein Change zu führen ist, dass Leadership die Kraft der Vision nicht unterschätzen darf. Wird die Vision nicht ausreichend klar kommuniziert, so dass sie von allen Beteiligten verstanden und akzeptiert wird, wurde die Dringlichkeit der damit geplanten Veränderungen nicht zur Genüge vermittelt, oder die Führungskoalition ist nicht stark genug und so treten normativ die ersten Probleme schon sehr früh im Change Prozess auf (Kotter, 2013, S. 11). Kotter (2013, S. 7) schreibt dazu, dass wenn man es nicht schafft, die Vision einer Veränderungsmaßnahme in max. fünf Minuten so zu erklären, sodass die Stakeholder Interesse und Verständnis signalisieren, es bei der Umsetzung mit Sicherheit problematisch wird.

Lobinger (2019, Kap. 4.1, Abs. 5) argumentiert, damit die Vision vervollständigt wird und eine Strategie daraus entwickelt werden kann, ist es unabdinglich, die richtigen Leute an Bord zu haben und ebenso die Formulierung, als auch die Bedingungen an das Unternehmen anzupassen.

In Bezug auf die nachhaltige Entwicklung von Unternehmen,

ist für Ackermann, Müller, und Dickebohm (2013, Kap. 3.2, Abs. 1) die Vision nicht nur ein Leitbild, sondern sie ist eine Grundvoraussetzung für jede unternehmerische Tätigkeit. Mithilfe des Leitbildes und der Vision werden theoretische Konzepte ins operative Wirtschaften integriert und umgesetzt (Ackermann, Müller, & Dickebohm, 2013, Kap. 3.2, Abs. 1), so spielt ihrer Meinung nach, die Vision eine Schlüsselrolle bei Veränderungen und den damit verbundenen Strategien und Change Prozessen.

Nach Kotter (2013, S. 6, 75) hilft die Vision, die Aktionen vieler Menschen zu lenken und die Beteiligten zu inspirieren, dennoch kann es eine herausfordernde und emotionale Aufgabe sein, damit die Vision akzeptiert wird. Liegt doch die wahre Kraft einer Vision darin, dass die Beteiligten eines Veränderungsprozesses, ein gemeinsames Verständnis für die Richtungsvorgabe und die Erreichung der Ziele entwickeln (Kotter, 2013, S. 73).

Für von Gunten (2020, Kap. Organisation und Strategie, Abs. 3) gilt auch für KMU, dass am Beginn eines umfassenden Umdenkens, neben der Entwicklung einer Vision und der daraus abgeleiteten Strategie auch die Definition des Ziels steht.

Maxwell (2012, S. 156) benennt als eine von drei Komponenten für den Erfolg die Tatsache, dass ein Team, selbst wenn noch so viel Potenziale und Talente vorhanden sind, in der Regel nur gewinnt, wenn die Betroffenen neben einer gemeinsamen Vision, auch ein gemeinsames Ziel haben.

Für Wulf (2018, S. XII) muss eine Führungskraft, er versteht darunter auch eine Leadership-Persönlichkeit, in der Lage sein, das Ziel klar zu vermitteln und sie darf es auch auf längere Sicht nicht aus den Augen verlieren, während sie anderen die Möglichkeit gibt, sich weiterzuentwickeln.

Von Gunten (2020, Kap. Exkurs: Wissen & Fähigkeiten in einer unsicheren Welt, Abs. 19) argumentiert, dass Vertrauen ebenfalls eine Grundlage ist, damit gleiche Ziele angestrebt werden und somit ein Wettbewerbsvorteil erreicht werden kann, zudem können etablierte Strukturen oder Prozesse oft nicht zeitnah verändert werden, es benötigt also auch Zeit und der Erfolg hängt stark davon ab, wie die Ziele von den Betroffenen angenommen werden und mit welcher Ernsthaftigkeit und Beharrlichkeit sie verfolgt werden (von Gunten, 2020, Vorwort, Abs. 8). Für ihn hat Leadership dafür zu sorgen, dass die Fokussierung auf das Ziel dauerhaft ist und Mittel sowie Wege gefunden werden, damit eine erfolgreiche Umsetzung realisiert werden kann (von Gunten, 2020, Kap. Bedingungslose Selbstdisziplin, Abs. 4).

Baumast und Pape (2013, S. Vorwort, Abs. 7) geben weiter an, dass für die Realisierung einer Vision samt ihren Zielen, die Entwicklung einer Strategie erforderlich ist. Hierzu weist von Gunten (2020, Kap. Vision, Abs. 1) explizit darauf hin, dass ein essenzieller Bestandteil einer wirkungsvollen und zielführenden Strategie, die Vision ist. Er stellt fest, dass die gewählte Strategie direkten Einfluss auf die zukünftige Struktur und Organisation eines Unternehmens hat (von Gunten 2020, Kap. Organisation und Strategie, Abs. 3).

Lobinger (2019, Kap. 3.3, Abs. 1) erachtet es im Kontext zu Change Management als wichtig, dass eine gewünschte Veränderung klar und spezifisch formuliert ist. Er leitet daraus ab, dass es so einfacher ist, eine Strategie für die Umsetzung zu entwickeln (Lobinger, 2019, Kap. 3.3, Abs. 1).

Von Gunten (Kap. Strategie, Abs. 22). erachtet es für KMU als wichtig, dass bei großen und nachhaltigen Veränderungen, wie beispielsweise bei einer Vision zur Verkleinerung des ökologischen Fußabdruckes oder in Bezug auf neue Technologien und Digitalisierung, es erforderlich und unumgänglich ist, Vertreter*innen aus sämtlichen Hierarchiestufen und Altersklassen in die Strategieentwicklung mit einzubeziehen. Er begründet es damit, dass der Ausblick auf bevorstehende Change Prozesse in der Regel oft Unbehagen, Besorgnis und Widerstände hervorruft und um eine erfolgreiche Umsetzung der Change Prozesse zu gewährleisten, ist es unabdingbar die Emotionen der Beteiligten ernst zu nehmen und darauf einzugehen (von Gunten, 2020, Kap. Strategieumsetzung, Abs. 8).

Fazit wissenschaftlicher Erkenntnisse zu Change Management

Liebe Führungskräfte von KMU und all jene, die es werden wollen,

Change Management ist ein strukturierter Ansatz zur Durchführung und Steuerung von Veränderungen in Unternehmen. Der zeitlich begrenzte Prozess zielt darauf ab, umfassende Veränderungen innerhalb des Unternehmens zu bewirken und durchläuft Phasen wie Planung, Steuerung, Kontrolle und Stabilisierung. Kurt Lewins 3-Phasen-Modell, ein Grundstein für viele Modelle, betrachtet Veränderung als Kräftespiel zwischen Befürwortern und Widerständen. Kotters 8-Phasen-Modell betont die Schaffung eines Dringlichkeitsgefühls, die Bildung einer Führungskoalition, die Entwicklung einer klaren Vision und Strategie sowie die Notwendigkeit von schnellen Erfolgen und der Sicherstellung von Unterstützung. Dunphy und Stace's Typologie des Wandels berücksichtigt unterschiedliche Unternehmen und schlägt situativ angepasste Wege vor, abhängig von Kollaboration, Konsultation oder Zwang. Anderson & Andersons Änderungsmodell umfasst neun Phasen, darunter die Schaffung von Einvernehmen, die Entwicklung einer Organisationsvision und die Umsetzung von Masterplänen. Kleine und mittelständische Unternehmen benötigen ebenfalls Visionen, um erfolgreich Veränderungen zu bewältigen, wobei die Persönlichkeit der Führungskraft und die Strategieentwicklung entscheidende Rollen spielen.

In Ihrem Streben nach Erfolg und Wandel ermutige ich Sie, die Kraft des Change Managements anzunehmen und für sich zu nützen. Sehen Sie diesen strukturierten Ansatz nicht nur als zeitintensiven Prozess, sondern als kraftvolles Werkzeug, um umfassende Veränderungen in Ihrem Unternehmen herbeizuführen. Inspiriert von Modellen wie Lewins 3-Phasen-Modell und Kotters 8-Phasen-Modell können Sie nicht nur Widerstände überwinden, sondern auch eine klare Vision für Ihr Unternehmen entwickeln.

Denken Sie daran, dass Ihre Persönlichkeit als Führungskraft die Richtung Ihres Unternehmens beeinflusst, während die Strukturen seine Größe reglementieren. Schaffen Sie eine inspirierende Vision, die nicht nur ein Bild von der Zukunft malt, sondern auch erklärt, warum es erstrebenswert ist, diese Zukunft zu erschaffen. Nehmen Sie alle Mitarbeiter*innen auf allen Ebenen auf diese spannende Reise mit, hören Sie auf ihre Emotionen und gehen Sie auf ihre Bedenken ein.

Seien Sie mutig bei der Umsetzung von Change Management. Betrachten Sie es nicht als Last, sondern als Chance für effiziente, effektive und störungsfreie Veränderungen. Lernen Sie aus der Change-Typologie von Dunphy und Stace, dass nicht alle Wege gleich sind und wählen Sie situationsgerechte Ansätze. Entwickeln Sie Strategien, die nicht nur klare Ziele setzen, sondern auch Ihre Unternehmenskultur bereichern.

Sie sind die Architekten Ihrer Unternehmenszukunft. Denken Sie groß, planen Sie klug und gestalten Sie Veränderungen, die nicht nur erfolgreich, sondern auch nachhaltig sind. Ihre Vision ist der Kompass, der Ihr Team durch die Höhen und Tiefen des Wandels führt. Nutzen Sie die Werkzeuge des Change Managements, um nicht nur Widerstände zu brechen, sondern auch eine inspirierende Zukunft zu schaffen.

Zeigen Sie Zuversicht und Entschlossenheit!

II. EMPIRISCHE ERHEBUNGEN UND PRAXISWISSEN DIREKT AUS DER UNTERNEHMENSWELT

2021 habe ich das Forschungsdesign für die empirische Forschung zum Leadership in kleinen und mittleren Unternehmen im Kontext des Change Managements entwickelt. Die Befragung von Expertinnen und Experten diente dazu, Erfahrungswerte zu gewinnen. Das Forschungsdesign wurde so gestaltet, dass die Relevanz erkennbar und die Nachvollziehbarkeit gegeben ist. Die Erhebungsmethode erfolgte qualitativ durch einen Leitfaden gestützte Interviews. Die Daten wurden mittels strukturierter Inhaltsanalysen ausgewertet. Die Stichprobenauswahl erfolgte deduktiv, um eine höchstmögliche Repräsentativität zu erreichen, und beinhaltete eine breite Variation von Geschlechtern, Branchen, Generationen, Bildungsständen und Positionen im Unternehmen. Diese empirische Forschung wurde für meine Masterthese (Leadership in österreichischen kleinen und mittleren Unternehmen - Funktion und Relevanz im Change Management, 2021) durchgeführt, die diesem Buch zugrunde liegt.

In den vorangegangenen Abschnitten haben wir uns intensiv mit den theoretischen Grundlagen des Leadership im Kontext von Veränderungsprozessen auseinandergesetzt. Nun ist es an der Zeit, den Blick von den Konzepten und Modellen abzuwenden und einen Blick auf die konkrete Realität zu werfen. In den nächsten Kapiteln erkunden wir die Welt der Praktiker*innen und werfen einen Blick auf die Erfahrungen und Erkenntnisse von geschäftsführenden Gesellschafter*innen, Führungskräften und leitenden Angestellten aus österreichischen und deutschen KMU sowie Konzernunternehmen.

In intensiven Interviews habe ich Fragen zu verschiedenen Schlüsselthemen gestellt. Die Fragen und Antworten reflektieren nicht nur die Theorie, sondern bieten auch einen direkten Einblick in die Herausforderungen und Erfolge des Leadership im Change Management. Ich wollte wissen, wie mit sich verändernden Märkten umgegangen wird, welche Arten von Veränderungen geplant oder auch ungeplant erlebt wurden, und welche Herausforderungen dabei zu meistern waren.

Die kommenden Seiten werden somit nicht nur eine Übertragung von Theorien und Konzepten sein, sondern eine lebendige Darstellung von realen Erfahrungen und praxiserprobten Lösungsansätzen. Wir werden uns eingehend mit dem Change Management und Leadership auseinandersetzen, betrachtet durch die Augen derjenigen, die es täglich in ihren Unternehmen gestalten. Freuen Sie sich auf Erkenntnisse, die direkt aus der Realität stammen und Ihnen wertvolle Einblicke in die vielfältigen Facetten der Führung im Change Management bieten werden.

4. Umgang mit sich verändernden Märkten

Die Aussagen der Interviewpartner*innen verdeutlichen, dass KMU flexibel auf sich verändernde Märkte reagieren müssen. Das Leadership trägt die Verantwortung für die Beobachtung des Marktes, die Früherkennung von Veränderungen am Markt und die rasche Reaktion auf notwendige betriebliche Anpassungen. Betont wird, dass Führungskräfte sich den immer schneller ändernden Anforderungen stellen müssen, um zu evaluieren, ob interne Veränderungen notwendig und umsetzbar sind. In großen KMU erfolgt dies regelmäßig in Strategiesitzungen, die SWOT-Analysen, Geschäftsfeldanalysen und mögliche Veränderungen im Projektmanagement umfassen.

Die Dynamik des Marktes erfordert von KMU, situativ und rasch auf Veränderungen zu reagieren. Während einige auf Expansion setzen, modifizieren andere ihre Geschäftsmodelle, spezialisieren sich, ändern Technologien oder wechseln von der Produktion zum Handel. Die gemeinsame Erkenntnis ist, dass KMU individuell und ihren Möglichkeiten entsprechend die Change-Prozesse gestalten und umsetzen.

Die COVID-19-Pandemie führte zu einer kritischen Wirtschaftssituation, die von den Expert*innen bereits Anfang 2021 als wichtiger Test für die Flexibilität und Reaktionsfähigkeit von KMU betrachtet wurde. Leadership erforderte während der Krise Disziplin, Ausdauer und Hartnäckigkeit. Die Auswirkungen der Pandemie waren je nach Branche unterschiedlich, wobei Logistik, Handel und Einzelhandel rasante Veränderungen durch Digitalisierung erfuhren.

Die Konvergenz zu Feststellungen der Theorie liegt in der

Betonung der Reaktionsfähigkeit von KMU auf Veränderungen. Sowohl in normalen Betriebsbedingungen als auch in Krisenzeiten spielt Leadership eine entscheidende Rolle bei der erfolgreichen Navigation durch Change-Prozesse.

Verhaltensregeln im Umgang mit sich verändernden Märkten

Basierend auf Fakten und Erkenntnissen aus der Praxis habe ich **klare Verhaltensregeln** zusammengestellt, um sicherzustellen, dass Ihr Unternehmen nicht nur überlebt, sondern auch gedeiht:

1. Flexibilität als Schlüssel: Die Fähigkeit, sich flexibel auf Veränderungen einzustellen, ist das A und O. Egal, ob es um sich verändernde Märkte oder unvorhergesehene Herausforderungen wie die COVID-19-Pandemie geht, zeigen Sie sich flexibel und agil.

2. Leadership im Wandel: Ihr Leadership trägt die Verantwortung für die ständige Beobachtung des Marktes. Seien Sie Vorreiter in der Früherkennung von Veränderungen und agieren Sie proaktiv, um betriebliche Anpassungen schnell umzusetzen.

3. Evaluierung ist König: Angesichts sich rasch ändernder Anforderungen ist eine kontinuierliche Evaluierung notwendig. Fragen Sie sich stets: Sind interne Veränderungen wirklich notwendig und umsetzbar? Handeln Sie mit Bedacht.

4. Regelmäßige Strategiemeetings: In großen KMU sollten regelmäßige Strategiesitzungen Usus sein. Hierbei sollten nicht nur SWOT-Analysen durchgeführt, sondern auch Geschäftsfeldanalysen und mögliche, erforderliche Veränderungen im Projektmanagement besprochen werden.

5. Individuelle Reaktionen auf Change: Jedes KMU ist einzigartig. Ob Expansion, Geschäftsmodifikation, Spezialisierung oder Technologiewechsel – reagieren Sie individuell und entsprechend den Möglichkeiten Ihres Unternehmens.

6. Krisen als Chancen: Betrachten Sie Krisen als Tests für Ihre Flexibilität und Reaktionsfähigkeit. Leadership in Krisenzeiten erfordert Disziplin, Ausdauer und Hartnäckigkeit. Sehen Sie in Herausforderungen auch immer Chancen für Wachstum.

7. Digitalisierung als Chance: Die COVID-19-Pandemie hat die Bedeutung der Digitalisierung unterstrichen. Nutzen Sie dies als Chance, um auch in diesem Bereich Veränderungen voranzutreiben.

8. Proaktives Handeln in unsicheren Zeiten: Angesichts der absehbaren wirtschaftlichen Unsicherheit der nächsten Jahre – handeln Sie proaktiv. Bleiben Sie vorbereitet auf mögliche Insolvenzen, den Fachkräftemangel und steigende Inflation.

9. Wachstum trotz Unsicherheit: Trotz der Unsicherheit prognostizieren einige Experten ein leichtes Wirtschaftswachstum. Seien Sie bereit, Chancen zu nutzen und Ihr Unternehmen trotz widriger Umstände weiterzuentwickeln.

10. Gemeinsames Durchstehen: In unsicheren Zeiten ist Zusammenhalt entscheidend. Gemeinsam mit Ihrem Team können Sie Herausforderungen bewältigen und gestärkt aus Krisen hervorgehen.

Diese Erkenntnisse dienen als Ihr Navigationsinstrument in unruhigen Gewässern. Halten Sie stets Kurs und bleiben Sie flexibel – die Zukunft Ihres KMU liegt in Ihren Händen!

5. Arten von geplanten und ungeplanten Veränderungen

Diese Aufstellung ergibt sich aus konstruktiven Dialogen und Einblicken, die im Rahmen von Gesprächen mit Führungskräften aus österreichischen und deutschen kleinen und mittleren Unternehmen gewonnen wurden. Die erörterten Veränderungen repräsentieren eine Vielzahl von Anpassungen, denen sich diese Unternehmen gegenübersehen, um sich den dynamischen Marktbedingungen anzupassen und erfolgreich in einer zunehmend globalisierten Welt zu agieren. Diese Erkenntnisse spiegeln nicht nur die Realität wider, sondern bieten auch wertvolle Einsichten in die strategischen Entscheidungen und operativen Veränderungen, die von den Führungskräften dieser KMU in unterschiedlichen Branchen und Größenordnungen getroffen wurden.

1. **Standortverlagerung und Produktionsumstellung:** Unternehmen entscheiden sich für die Verlagerung von Produktionsstätten, um sich den sich ändernden Marktbedingungen anzupassen.

2. **Initiierung von Change-Prozessen:** KMU setzen aktiv Veränderungsprozesse innerhalb ihrer Produktion in Gang, um effizienter und wettbewerbsfähiger zu werden.

3. **Geschäftsmodell-Transformation:** Einige Unternehmen ändern radikal ihre Geschäftsmodelle, indem sie z. B. die eigene Produktion outsourcen und zu Handelsbetrieben werden, um Kosten zu sparen und um neue Chancen zu nutzen.

4. **Internationalisierung und Globalisierung:** KMU wagen den Schritt auf internationale Märkte, indem sie ihre Produkte und Dienstleistungen global anbieten.

5. **Digitalisierung von Prozessen:** Unternehmen setzen vermehrt auf die Digitalisierung von Arbeitsabläufen und

Prozessen, um effizienter und agiler zu werden.

6. EDV-Softwareumstellung: In der EDV erfolgt der Wechsel zu neuen Softwarelösungen, um den aktuellen Anforderungen gerecht zu werden und den technologischen Fortschritt zu nutzen.

7. Veränderungen in der Organisationsstruktur: Führungskräfte beschäftigen sich mit Anpassungen in der Organisationsstruktur, um agiler und flexibler auf Marktveränderungen reagieren zu können.

8. Transition von eigentümergeführt zu Team-Leadership: Familienbetriebe stellen ihre Unternehmensführung von eigentümergeführt auf ein Leadership-Team von angestellten Führungskräften um.

9. Implementierung von Home-Office: Die COVID-19-Krise führte zu verstärkter Implementierung von Home-Office, um die Arbeitsfähigkeit in Krisenzeiten sicherzustellen.

10. Personalabbau und Neustrukturierung: Unternehmen sehen sich aufgrund von Krisen wie z. B. den wirtschaftlichen Folgen der COVID-19 Pandemie, zu Personalabbau gezwungen, was zu umfassenden Change-Prozessen in der Neustrukturierung von Aufgaben und internen Abläufen führt.

In jeder Veränderung liegt nicht nur die Herausforderung, sondern vor allem die Chance auf Weiterentwicklung und Erfolg. Führungskräfte von KMU tragen die Verantwortung, nicht nur Veränderungen anzunehmen, sondern sie als das Zugpferd für zukünftigen Erfolg zu betrachten.

Indem Sie mit Offenheit und Weitsicht auf die Chancen blicken, die jede Veränderung bietet, legen Sie den Grundstein für nachhaltige Entwicklung und Innovation in Ihrem Unternehmen. Die Kunst besteht darin, nicht nur Veränderungen zu managen, sondern sie als kraftvolle Antriebsquelle für den Weg nach vorne zu nutzen.

Herausforderungen und Lösungsansätze bei Veränderungen

Die Herausforderungen, denen Führungskräfte von KMU gegenüberstehen, sind vielfältig und anspruchsvoll.

Die vorliegende Analyse wirft einen detaillierten Blick auf die zehn herausforderndsten Aspekte, mit denen Führungskräfte von KMU konfrontiert sind. Basierend auf den Erkenntnissen aus Gesprächen mit Führungspersönlichkeiten österreichischer und deutscher Klein- und Mittelunternehmen werden die Schlüsselherausforderungen identifiziert. Von der Bewältigung von Marktveränderungen bis hin zur effektiven Kommunikation in digitalen Zeiten erstrecken sich diese Herausforderungen über verschiedene Unternehmensbereiche. Die Analyse bietet nicht nur einen Einblick in die Schwierigkeiten, sondern präsentiert auch konkrete Lösungsansätze, um Führungskräften dabei zu helfen, erfolgreich durch Zeiten des Wandels zu navigieren.

1. Lücke zwischen SOLL- und IST-Zustand schließen:

Herausforderung: Die Diskrepanz zwischen dem gewünschten Zustand und der aktuellen Realität erfordert eine gezielte Anpassung.

Lösungsansatz: Präzise Analyse des IST-Zustandes, klare Zieldefinition, Strategie entwickeln, regelmäßige Überprüfung, Feedbackschleifen und Flexibilität bei der Umsetzung.

2. Veränderungen in Rationalisierung, Technologie, Produktionsverlagerung und Digitalisierung:

Herausforderung: Schnelle und komplexe Veränderungen erfordern eine strategische Anpassung.

Lösungsansatz: Kontinuierliche Marktbeobachtung, agile Unternehmensstrategien und Investitionen in Schulungen für Mitarbeiter*innen.

3. Firmenfusionierung als große Herausforderung:

Herausforderung: Fusionen erfordern ein hohes Maß an Integration und Anpassung.

Lösungsansatz: Klare Kommunikation, Integrationsteams, Schulungen für Mitarbeiter*innen und Change Management-Strategien.

4. Anerkennung sich ändernder Markt- und Gesellschaftsanforderungen durch Leadership:

Herausforderung: Bewusstseinsbildung und Akzeptanz für Veränderungen innerhalb der Führungsebene.

Lösungsansatz: Schulungen für Führungskräfte, regelmäßige Marktanalysen und offene Kommunikation.

5. Mangel an spezialisiertem Personal für Change Management:

Herausforderung: Ressourcenmangel für Change Management-Personal.

Lösungsansatz: Externe Unterstützung, Schulungen für interne Mitarbeiter*innen und strategische Partnerschaften.

6. Geschwindigkeit der Marktveränderungen und deren Umsetzung:

Herausforderung: Schnelle Anpassung an sich ändernde Marktbedingungen.

Lösungsansatz: Agile Geschäftsmodelle, schnelle Entscheidungsfindung und innovative Prozessoptimierung.

7. Notwendigkeit fachlicher und sozialer Kompetenz des Leadership:

Herausforderung: Anforderungen an Leadership umfassen sowohl Fachkompetenz als auch soziale Fähigkeiten.

Lösungsansatz: Gezielte Schulungen, Mentoring-Programme und Förderung von Soft-Skill-Entwicklung.

8. Kommunikation als Herausforderung:

Herausforderung: Mangelnde interne Kommunikation führt zu Informationsdefiziten.

Lösungsansatz: Klare Kommunikationsstrategien, regelmäßige Meetings, offene Dialoge und Nutzung verschiedener Kommunikationskanäle.

9. Umgang mit Widerständen innerhalb der Belegschaft:

Herausforderung: Widerstände können den Change-Prozess behindern oder sogar zum Scheitern bringen.

Lösungsansatz: Transparente Kommunikation, Einbindung von Mitarbeiter*innen, Identifikation von "Verweigerer" und individuelle Lösungsansätze.

10. Psychische Belastung und Unsicherheit durch externe Einflüsse (z. B., COVID-19):

Herausforderung: Unsicherheit und psychische Belastung bei Führungskräften und Mitarbeiter*innen.

Lösungsansatz: Resilienz Trainings, klare Krisenpläne, regelmäßige Kommunikation und flexible Arbeitsmodelle.

Insgesamt benötigen diese Herausforderungen ein ausgewogenes Zusammenspiel von strategischer Planung, agiler Anpassung, effektiver Kommunikation und einem starken Führungsansatz. Nur durch eine kombinierte

Herangehensweise können Führungskräfte von KMU die Dynamik des Wandels erfolgreich bewältigen.

6. Personelle Verantwortung für Change Management

Verschiedene Akteure können im Change Management Verantwortung übernehmen, darunter spezialisierte Change Management Teams, Abteilungs- und Teamleiter*innen, engagierte Mitarbeiter*innen auf verschiedenen Ebenen (Change Agents), interne Kommunikationsteams, die Personalabteilung, externe Berater*innen, Cross-Funktions-Teams und Technologie- sowie IT-Teams. Die theoretischen Erkenntnisse betonen, dass Change Management in KMU nicht nur Sache des Managements ist, sondern eine breite Zusammenarbeit erfordert. Die Herausforderungen, wie knappe Ressourcen und operative Belastungen, werden durch eine kooperative Anstrengung mehrerer Akteure bewältigt, wodurch der Wandel von der gesamten Organisation getragen wird.

Die durch die Befragung von Führungskräften vorliegenden Fakten betonen jedoch die zentrale Rolle des Leadership in KMU im Kontext des Change Managements. Die Herausforderungen, denen sich Führungskräfte gegenübersehen, variieren je nach Unternehmensgröße und -kultur. Es wird klar, dass Leadership in KMU nicht nur als strategischer Wegweiser dient, sondern aktiv in den Veränderungsprozess eingreift, was einen signifikanten Unterschied zu Großbetrieben ausmacht.

Die Beteiligung von Leadership am Change Management in KMU erstreckt sich über verschiedene Dimensionen. Vom Monitoring des Marktes und der Richtungsgebung bis zur Auswahl und Führung von Schlüsselpersonen für Veränderungen spielen Führungskräfte eine entscheidende Rolle. Anders als in Großunternehmen, in denen spezialisierte Teams oder externe Changemanager*innen eingesetzt werden können, sind Führungskräfte in KMU direkt in die operativen Geschäftsabläufe eingebunden. Dies unterstreicht die Notwendigkeit eines breiten Kompetenzspektrums, das von Fachkenntnissen bis zu sozialer Kompetenz reicht.

Ein interessanter Punkt ist die Übernahme der Verantwortung für sämtliche Aspekte des Change Managements durch KMU-Leadership. Dies zeigt die Überzeugung, dass Führungskräfte in allen Bereichen kompetent sein müssen, um den Veränderungsprozess erfolgreich zu gestalten. Die Tatsache, dass KMU sich in vielen Fällen externe Beratung holen, zeigt jedoch auch die Bereitschaft, externe Expertise zuzulassen, wenn interne Ressourcen begrenzt sind.

Die Unterschiede zwischen KMU und Großbetrieben spiegeln sich auch in der Art der Veränderungsprozesse wider. In KMU wird betont, dass Change Management nicht nach theoretischen Modellen erfolgt, sondern situativ angepasst wird. Dies erfordert von Führungskräften eine flexible und anpassungsfähige Herangehensweise, um auf die individuellen Bedürfnisse ihres Unternehmens einzugehen.

Die Verantwortung von Leadership in KMU erstreckt sich ergo über verschiedene Phasen des Change-Prozesses. Angefangen bei der Analyse der Unternehmensorganisation, über die Definition von Zielen und Strategien, bis hin zur Evaluierung der Fortschritte, zeigt sich ein breites Aufgabenspektrum. Besonders hervorzuheben ist die Bedeutung der Vorbildwirkung von Führungskräften, die ebenfalls als entscheidender Faktor für den Erfolg von Change Management betrachtet wird.

Insgesamt zeigt die Analyse, dass Leadership in KMU aktiv an der Umsetzung von Veränderungsprozessen beteiligt ist. Es wird deutlich, dass die Rolle von Führungskräften in KMU von entscheidender Bedeutung ist, um einen erfolgreichen Change Management Prozess zu gewährleisten.

Worauf Sie achten müssen, wenn Sie ein Change Management Team zusammenstellen

Mit Betonung auf den Bedarf verschiedener Akteure und Kompetenzen in Change-Prozessen von KMU, basieren folgende Schlüsselfaktoren auf den Erkenntnissen aus der Recherche, Ausführungen der befragten Expertinnen und Experten und meinen praktischen Erfahrungen.

1. Kompetenzen und Fachkenntnisse: Achten Sie darauf, dass die ausgewählten Personen oder Teams über die erforderlichen Kompetenzen und Fachkenntnisse im Bereich des Change Managements verfügen. Dies ist entscheidend, um einen reibungslosen Ablauf und erfolgreiche Umsetzung sicherzustellen. Im Bedarfsfall sorgen Sie für Weiterbildung der Betroffenen oder holen sich externe Hilfe!

2. Interne Akzeptanz und Vertrauen: Berücksichtigen Sie das Vertrauen und die Akzeptanz innerhalb der Organisation. Beteilige Personen, die von ihren Kollegen und Kolleginnen respektiert werden und die in der Lage sind, Veränderungen glaubhaft zu vertreten, um eine positive Einstellung innerhalb des Teams zu fördern, sind in jedem Fall eine gute Wahl.

3. Kommunikationsfähigkeiten: Wählen Sie Beteiligte aus, die über ausgezeichnete Kommunikationsfähigkeiten verfügen. Eine klare und effektive Kommunikation ist entscheidend, um die Mitarbeiter*innen über den Veränderungsprozess zu informieren, Unsicherheiten zu minimieren und Akzeptanz zu schaffen.

4. Vielfalt und Interdisziplinarität: Stellen Sie sicher, dass das Team eine Vielfalt an Perspektiven und Fähigkeiten repräsentiert. Ein interdisziplinäres Team kann eine umfassendere Sicht auf die Herausforderungen bieten und kreative Lösungen für verschiedene Aspekte des Change Managements entwickeln.

5. Engagement und Motivation: Wählen Sie Beteiligte aus, die sich aktiv für den Veränderungsprozess engagieren und motiviert sind, positive Veränderungen herbeizuführen. Personen, die den Wandel als Chance sehen und bereit sind, sich aktiv einzubringen, tragen wesentlich zum Erfolg des Change Managements bei.

Mitarbeitersteckbrief: Alexander V.

Position: Prokurist

Fachkompetenz: Umfassendes Wissen in allen Bereichen des Unternehmens, mit nachgewiesener Erfahrung in der erfolgreichen Umsetzung von Veränderungsprozessen.

Erscheinungsbild: Selbstsicher und professionell

Stil: Trägt immer korrekte und passende Kleidung, spiegelt Zuverlässigkeit wider.

Charakterzüge:

Selbstbewusst, einfühlsam, entschlossen, leidenschaftlich

Teamführung:

Bringt verschiedene Talente zusammen und fördert ein gemeinschaftliches Arbeitsumfeld. Inspiriert Teammitglieder nicht nur durch Worte, sondern auch durch seine entschlossene Haltung.

Kommunikation:

Klare, präzise Kommunikation mit einer Tiefe, die Vertrauen schafft. Versteht es, Bilder von Veränderung und Fortschritt in den Köpfen der Zuhörer zu erzeugen.

Vielfalt und Interdisziplinarität:

Befürwortet Vielfalt und hat ein Team geschaffen, in dem unterschiedliche Perspektiven und Fähigkeiten zusammenfließen. Nutzt die Interdisziplinarität des Teams, um kreative Lösungen für komplexe Probleme zu entwickeln.

Engagement:

Überträgt seinen Enthusiasmus für den Veränderungsprozess auf jedes Teammitglied. Motiviert das Team, aktiv am Wandel teilzunehmen.

Fazit:

Alex V. ist nicht nur ein Change Management Spezialist, sondern eine visionäre und inspirierende Führungskraft. Sein Einfluss erstreckt sich über die Teamgrenzen hinaus, und seine Leidenschaft für positive Veränderungen macht ihn zu einem unverzichtbaren Mitglied des Unternehmens.

7. Einfluss und Relevanz von Vision, Ziel und Strategie

Die Theorie betont die zentrale Bedeutung einer klaren Vision für Unternehmen in Zeiten des Wandels. Autoren wie Maxwell, Kotter, Kouzes, Posner und Ackermann unterstreichen die Rolle der Persönlichkeit der Führungskraft und heben die Wichtigkeit einer klar kommunizierten Vision hervor, um erfolgreiche Veränderungen zu inspirieren und zu lenken.

Die befragten Führungskräfte bestätigen die Schlüsselrollen von Vision, Ziel und Strategie für erfolgreiche Change-Prozesse. Die Betonung liegt auf einer fundierten Begründung, professioneller Strategie mit implementierter Vision, dem Commitment der Schlüsselpersonen und der Fähigkeit den Mitarbeiter*innen die nötige Orientierung zu bieten. Dabei wird die Strategie sogar höher bewertet als die Vision.

Die Parallelen zwischen Theorie und den Aussagen der Führungskräfte sind deutlich. Beide unterstreichen die Bedeutung von Vision, Ziel und Strategie für erfolgreiche Veränderungen. Sowohl in der Theorie als auch in der Praxis wird die Kommunikation einer klaren Vision als treibende Kraft für den Wandel hervorgehoben.

Die effektive Gestaltung von Change-Prozessen gelingt durch die Verknüpfung von theoretischem Wissen und praktischer Erfahrung. Nutzen Sie theoretische Erkenntnisse als Orientierung und integrieren Sie diese authentisch in Ihre Führungspraxis.

1. Vermitteln Sie Ihre Vision so kraftvoll und lebendig, dass die Betroffenen sie sich bildhaft in ihren Köpfen vorstellen können.

2. Definieren Sie die Ziele so präzise und realistisch wie möglich, es darf hier keinen Spielraum geben. Legen Sie einen Zeitraum fest bis wann die Ziele erreicht werden müssen und wie und woran gemessen werden wird, ob und in welchem Ausmaß sie erreicht wurden. Vergessen Sie auf keinen Fall, dass die Ziele so formuliert werden, dass sie auch für die Betroffenen erstrebenswert sind.

3. Entwickeln Sie eine Strategie, die auf Ihrer Vision basiert, einen detaillierten Aktionsplan zur schrittweisen Umsetzung der notwendigen Maßnahmen und eine realistische Ressourcenplanung beinhaltet. Die benötigten Ressourcen sollten geplant und zugewiesen werden.

4. Überwachen und bewerten Sie den Fortschritt regelmäßig, um notwendige Korrekturen rasch umsetzen zu können.

Ein erfolgreicher Wandel beginnt mit einer klaren Vision, die mit einer kraftvollen Umsetzung einhergeht.

Praktisches Beispiel für Strategieentwicklung

Als ich 2015 die Geschäftsleitung der AV Logistic Center GmbH übernommen habe, stand es nicht besonders gut um das Unternehmen, es musste sich etwas ändern. Ich hab mir also ein paar Gedanken gemacht, mit Expert*innen gesprochen, Fachliteratur gelesen und dann die Ärmel aufgekrempelt und es angepackt.

Meine Motivation und Vision für die Veränderung

Ich will zeigen, dass man mit einem durchdachten Geschäftsmodell nicht nur den Fortbestand des Unternehmens sichern, sondern auch einen Beitrag zur Erreichung der zentralen klima- und energiepolitischen Ziele der Europäischen Union für 2030 leisten kann: umweltfreundliche Lager- und Logistikdienstleistungen auf höchstem Niveau, IT-Anbindung und WEB-Shop-Lösungen inklusive.

Nachhaltigkeit soll bei uns groß geschrieben werden. Umweltschutz muss aktiv gelebt werden. Unsere neueste Messlatte wird heißen: „Klimaneutrale Lager- und Logistikleistung". Wir wollen mit einer neuen Photovoltaikanlage unseren eigenen sauberen Strom produzieren. Für Verpackungskartonagen und Füllmaterialien werden zukünftig nur ausgewählte Recycling-Produkte verwenden. Unser verwertbarer Abfall soll ausschließlich an zertifizierte Recyclingfirmen übergeben werden.

Durch die Bereitstellung von Lagerflächen und damit verbundenen Dienstleistungen, wie Verwaltung, Kommissionierung, Versand und Reklamationsmanagement wollen wir ein Gesamtpaket anbieten, welches unseren Kunden Kosten und Zeit spart. Vervollständigt soll unser Wertangebot durch individuelle EDV-Anbindung und E-Shop Anbindungen werden.

Meine Ziele

Wir wollen als zentrale Plattform für besondere Logistiklösungen vorwiegend mittelständischer Kunden, die auf dem österreichischen Markt und in den angrenzenden europäischen Nachbarstaaten tätig sind, agieren.

Unsere Kernkompetenz soll in der Lösungsfindung für spezielle Anforderungen liegen. Von der Warenübernahme, bei der Lagerung, über die Kommissionierung und Verpackung bis hin zu Versand, Zustellung oder Reklamationsmanagement.

Flexibilität und Kreativität sollen ein wesentlicher Bestandteil unseres Qualitätsverständnisses und unsere Vorstellung von innovativer Logistik-Dienstleistung sein. Deshalb ist für uns eine langfristige, partnerschaftliche und erfolgreiche Zusammenarbeit mit unseren Kunden wichtiger als kurzfristige Geschäfte.

Meine Strategie zur Umsetzung

1. Den Ist-Zustand erfassen (Analyse):

Wie hoch ist der aktuelle Energieverbrauch und wo kann ich jetzt schon einsparen?

Den Materialaufwand und die bestehenden Arbeitsabläufe dokumentieren und Optimierungsansätze finden.

2. Probleme identifizieren:

Die Mitarbeiter*innen einbinden, mit ihnen sprechen, um mögliche Engpässe oder ineffiziente Arbeitsabläufe zu verstehen.

Gemeinsam nach Bereichen, in denen Energie- oder Ressourcenverschwendung stattfindet suchen.

3. *Klare Ziele setzen:*

Eine Photovoltaikanlage anschaffen.

Raumtemperatur senken und nur Bereiche heizen, in denen es tatsächlich notwendig ist.

Beleuchtung auf LED umstellen.

Sämtliches Papier und Kartonagen auf Recyclingprodukte umstellen.

Nur noch umweltverträgliche Reinigungsmittel verwenden.

Müllvermeidung und Trennung – verwertbare Abfallprodukte an entsprechende Recyclingfirmen verkaufen.

„Energiefresser" austauschen

Digitalisierung der Lager- und Kommissionieraufträge und Warenübernahme.

4. *Planung:*

Ziele genau ausformulieren und terminisieren.

Konkrete Pläne erstellen, welche Schritte notwendig sind, um die Ziele zu erreichen.

Festlegen wer außer mir, noch Verantwortung übernimmt und die Aufgaben aufteilen.

Die wichtigsten Abläufe niederschreiben, die geändert werden müssen, und klare Schritte für die Umstellung ausarbeiten.

5. *Kommunikation:*

Die Ziele und den Nutzen der Veränderungen mit allen Mitarbeiter*innen besprechen.

Der Belegschaft auch selbst vorleben und zeigen, wie sie im

Büro oder im Lager energieeffizienter arbeiten können.

Mitarbeiter*innen motivieren damit sie zum Gesamterfolg beitragen.

6. Kontrolle:

Regelmäßige Überprüfungen der neuen Prozesse, ob die Maßnahmen auch tatsächlich umgesetzt werden.

Energieverbrauch überwachen und sämtliche Fortschritt in Kennzahlen darstellen.

Verantwortungsbewusstsein und Selbstkontrolle der Belegschaft fördern.

7. Motivation:

Meine Belegschaft ermutigen, selbst – also proaktiv Ideen zu sammeln und mit mir gemeinsam nachhaltige Initiativen zu entwickeln.

Erfolge mit dem Team feiern.

Ich war mir damals sicher, dass bei der großen Veränderung nicht immer alles glatt laufen wird, und ich vielleicht an meine Grenzen kommen könnte. Ich habe mir deshalb meine Motivation, Vision und diese kurze Strategie notiert, um in Zeiten der Verunsicherung und des Zweifels einen Leitfaden zu haben, der mir den Weg weist.

Ich würde lügen, wenn ich Ihnen nun erzähle, dass alles wie am Schnürchen geklappt hat, aber ich habe mich an meinen Plan gehalten, versucht wann immer es notwendig war agil und flexibel zu reagieren und ich habe ein Team geformt, dass mich in dunklen Zeiten mitgetragen hat.

An dieser Stelle möchte ich mit ganz explizit bei meinen Mitarbeiterinnen und Mitarbeitern der Jahre 2015 – 2021 aus tiefstem Herzen für ihr Commitment und ihre Unterstützung bedanken.

Meine Nominierung und Auszeichnungen, waren unsere gemeinsamen Erfolge – DANKE!

8. Modelle und Prozessbeschreibungen bei Veränderungen

Change Management in kleinen und mittelständischen Unternehmen offenbart eine differenzierte Perspektive unter Führungskräften. Während einige KMU-Führungskräfte dieses Konzept nicht als eigenständiges Instrument betrachten, sind andere, insbesondere in der IT-Branche, regelmäßig mit Change Management konfrontiert. Die Praxisorientierung ist evident, da viele KMU-Führungskräfte nur begrenzte Auseinandersetzungen mit theoretischen Konzepten haben. Eine Mehrheit der Befragten gibt an, die Modelle des Change Managements zu kennen, jedoch sind sie im Verlauf der Zeit entweder vergessen worden oder sie erinnern sich nicht mehr daran. Einzelne Führungskräfte zeigen jedoch Vertrautheit mit Modellen von Lewin und Kotter.

Change Management in KMU wird als situativ angepasst beschrieben und erfolgt nicht nach theoretischen Modellen. Hier liegt die Verantwortung beim Leadership, das die Veränderungsprozesse aktiv begleiten sollte. Eine Adaptation dieser theoretischen Modelle variiert je nach Branche, Personalstand und Generation, und die Umsetzung erfolgt mehr oder weniger detailliert. Dennoch wird betont, dass Veränderungsvorhaben zu Beginn schriftlich festgehalten werden sollten, insbesondere in den Umsetzungsphasen 1 und 2. Eine Führungskraft hebt die Wichtigkeit hervor, sich der Verschriftlichung von Zieldefinition, Strategie und ableitenden Maßnahmen zu widmen.

Frühzeitiges Erkennen von erforderlichen Veränderungen wird als integraler Bestandteil der Umsetzungsmodelle betrachtet. Hierzu gehört die Notwendigkeit der Analyse, die von Führungskräften als eine eigene Phase eingeordnet wird. Diese

Phase beinhaltet die Analyse aller Unternehmensbereiche, einschließlich relevanter Zahlen und Fakten. Dabei ist die Bewertung des Kosten-Nutzen-Faktors, der benötigten Ressourcen und des Risikos von entscheidender Bedeutung. Die Einschätzungen variieren, wobei einige Führungskräfte eine umfassende Analyse in allen Bereichen des Unternehmens befürworten, während andere allgemein von einer fundierten Basis an relevanten Informationen sprechen.

Übereinstimmungen zeigen sich in den Phasen zur Bildung von Führungsteams und der Kommunikation in Verbindung mit dem Commitment. Feedbackgespräche und die kontinuierliche Begleitung des Change-Prozesses während der Umsetzungsphase werden als essenziell erachtet. Eine Führungskraft hebt besonders hervor, dass die Evaluierung und Nachbearbeitung eines Change-Prozesses bereits die ersten Schritte zu einem neuen Change-Prozess darstellen können. Dies verdeutlicht die zyklische Natur des Change Managements in KMU, bei dem Lernen und Anpassen eine kontinuierliche Rolle spielen (Schibl, 2021).

Praktiker-Changemodelle

Im Zuge meiner empirischen Studie haben sich bei der Auswertung der Expert*innen Interviews unter anderem auch folgende Modelle zur Umsetzung von komplexeren Veränderungen herauskristallisiert. Werfen Sie einen Blick darauf und versuchen Sie sie mit Ihrer Vorgehensweise zu vergleichen.

Praktiker-Changemodell 1 (Schibl, in Anlehnung an IP01, 2021)

1. Frühzeitiges Identifizieren erforderlicher Veränderungen.

2. Penible Prüfung geplanter Veränderung auf Sinnhaftigkeit und wirtschaftlicher Relevanz.

3. Kommunikation für Akzeptanz und Commitment der Betroffenen.

4. Zeitplanung muss realistisch sein.

5. Erfolge während der Phase der Umsetzung müssen sichtbar gemacht werden, das fördert die Motivation.

6. Immer wiederkehrende Überprüfung und Anpassung bereits abgeschlossener Change Prozesse zur Sicherstellung des betrieblichen Fortbestandes.

Praktiker-Changemodell 2 (Schibl, in Anlehnung an IP02, 2021)

1. Schriftliche Zieldefinition.

2. Verschriftlichung der Strategie und der daraus abgeleiteten Maßnahmen zur Umsetzung.

3. Umsetzung begleitet durch Feedback-Gespräche.

4. Maßnahmen für eventuell erforderlicher Anpassungen zur Zielerreichung.

Praktiker-Changemodell 3 (Schibl, in Anlehnung an IP03, 2021)

1. Analyse des Status Quo.

2. Identifizierung und Evaluierung des Optimierungspotenzials.

3. Kommunikation für Akzeptanz und Commitment der Betroffenen.

4. Umsetzung

5. Identifizieren von Verbesserungspotenzial.

6. Nachjustieren

7. Ergebnisse, Verbesserungen und Vorteile sichtbar machen.

Praktiker-Changemodell 4 (Schibl, in Anlehnung an IP04, 2021)

1. Die Dringlichkeit der Veränderung muss kommuniziert werden.

2. Ein Führungsteam wird gebildet.

3. Vision, Ziel, Strategie und Zeitplan werden ausgearbeitet.

4. Alle Betroffenen werden in Form von klarer Kommunikation über die Beweggründe und Auswirkungen informiert.

Praktiker-Changemodell 5 (Schibl, in Anlehnung an IP05, 2021)

1. Erkennen notwendiger Veränderungen und das Potenzial objektiv prüfen.

2. Die Verantwortlichen für Change Management bestimmen (extern oder intern).

3. Analyse

4. Feedback-Gespräche mit betroffenen Mitarbeiter*innen und Betriebsrat führen.

5. Ein Maßnahmenpaket erarbeiten.

6. Umsetzung mit abschließender Evaluierung.

7. Anpassung durch agile Methoden.

Praktiker-Changemodell 6 (Schibl, in Anlehnung an IP06, 2021)

1. Leadership initiiert den Change.

2. Eine Person aus dem Betrieb übernimmt die Leitung, evaluiert die benötigten Ressourcen und bildet ein Team.

3. Das Team evaluiert den Kosten-Nutzen-Faktor.

4. Die Freigabe erfolgt entweder vom Leadership oder vom Teamleiter.

5. Das Team stößt die weiteren Phasen für die Umsetzung an.

Praktiker-Changemodell 7 (Schibl, in Anlehnung an IP07, 2021)

1. Erfahrungsbasiertes Vorgehen.

2. Fundierte Basis an Informationen.

3. Die richtigen Ansätze erkennen.

4. Die Mitarbeiter*innen einbinden.

5. Durch Kommunikation das Commitment der Betroffenen erhalten.

Praktiker-Changemodell 8 (Schibl, in Anlehnung an IP08, 2021)

1. Idee, Ziel, Strategie und Prozesse der Operationalisierung werden vom Geschäftsführer vorgegeben.

2. Der Change wird vom ausgewählten Personal umgesetzt.

Praktiker-Changemodell 9 (Schibl, in Anlehnung an IP09, 2021)

1. Leadership analysiert vor großen Change Prozessen alle Bereiche des Unternehmens einschließlich der Zahlen und der Fakten.

2. Das Commitment der Stakeholder und des Personals muss eingeholt werden.

3. Eine klare Strategie für die Operationalisierung muss ausgearbeitet werden.

4. Das Ziel darf nicht aus den Augen verloren werden.

5. Alle Beteiligten müssen motiviert bleiben.

Praktiker-Changemodell 10 (Schibl, in Anlehnung an IP010, 2021)

1. Evaluierung und Analyse.

2. Erkennen der Notwendigkeit für die Veränderung.

3. Entscheidungen treffen, eventuell mit externen Berater*innen abstimmen.

4. Stufenplanung mit Meilensteinen für die Operationalisierung mit selbstführenden Prozessen schriftlich festhalten.

5. Umsetzung inkl. Begleitung durch Leadership und Bestimmung de Verantwortlichkeiten.

Praktiker-Changemodell 11 (Schibl, in Anlehnung an IP11, 2021)

1. Definition der Veränderung.

2. Analyse des finanziellen Aufwandes, des Kosten-Nutzen-Faktors, der benötigten Human Resources und des Risikos.

3. Klärung rechtlicher Belange.

5. Umsetzung und Optimierung der Arbeitsabläufe.

6. Nachbearbeitung mit letzten Korrekturen.

Wie Sie gemerkt haben bieten die Praktiker-Changemodelle eine vielfältige Perspektive auf Change Management in KMU. Meine eingehende Analyse und Vergleich zeigte Gemeinsamkeiten und Unterschiede, die als Grundlage für neue, fachlich relevante Modelle dienen können.

Gemeinsamkeiten in den Modellen

1. Analyse und Evaluierung: Viele Modelle betonen die Bedeutung einer gründlichen Analyse des Status Quo, Identifizierung von Verbesserungspotenzialen und Evaluierung von Risiken und Ressourcen.

2. Kommunikation und Commitment: Die Notwendigkeit einer klaren Kommunikation für Akzeptanz und Commitment wird in mehreren Modellen betont, einschließlich der Einbindung aller Betroffenen.

3. Feedback-Gespräche und Evaluierung: Die kontinuierliche Überprüfung, Anpassung und Evaluierung der Change-Prozesse, einschließlich Feedback-Gesprächen, sind Schlüsselkomponenten in mehreren Modellen.

Unterschiede und Varianten

1. Verantwortlichkeiten und Führungsteam: Modelle variieren in der Art der Verantwortlichkeitszuweisung und der Bildung von Führungsteams. Einige betonen die Führungsinitiative, während andere auf selbstführende Prozesse setzen.

2. Schriftliche Festhaltung und Stufenplanung: Die Bedeutung von schriftlicher Zieldefinition, Strategie und Stufenplanung variiert. Einige Modelle setzen stark auf schriftliche Dokumentation, während andere mehr auf agile Anpassungen setzen.

3. Einbindung von externen Berater*innen: Die Einbindung externer Personen wird in einigen Modellen als Entscheidungsfaktor betont, während andere auf interne Ressourcen setzen.

Erkenntnis-Modelle

Auf Basis meiner Erkenntnisse könnte ein neues Modell folgendermaßen gestaltet sein:

Agiles Change Dynamics Modell

1. Frühzeitige Identifizierung: Erkennung notwendiger Veränderungen durch kontinuierliche Analyse und Beobachtung des Marktes.

2. Agile Anpassung: Flexible Anpassung der Strategie basierend auf Feedback und laufender Evaluierung.

3. Kommunikation und Commitment: Kontinuierliche transparente Kommunikation und regelmäßige Feedbackschleifen für nachhaltiges Commitment.

4. Interdisziplinäres Team: Einbindung von Mitarbeiter*innen verschiedener Abteilungen für die Evaluierung diverse Perspektiven.

5. Erfolgssichtbarkeit: Sichtbarmachung von Erfolgen für kontinuierliche Motivation.

Kollaboratives Transformations Modell

1. Gemeinsame Analyse: Leadership analysiert gemeinsam mit Schlüsselpersonen aus verschiedenen Bereichen des Unternehmens.

2. Partizipative Strategieentwicklung: Einbindung aller Beteiligten bei der Festlegung von Vision, Ziel und Strategie.

3. Selbstführung: Definition von selbstführenden Prozessen und eigenverantwortlichen Teams.

4. Kontinuierliche Motivation: Sicherstellung der Motivation aller Beteiligten durch transparente Kommunikation und Wertschätzung.

5. Nachhaltige Evaluierung: Fokus auf die kontinuierliche Nachbearbeitung und eventuell notwendiger Verbesserungen.

Diese Modelle betonen Flexibilität, Kontinuität und Partizipation als Schlüsselaspekte im Change Management von KMU.

Haben Sie sich die Modelle genau angesehen, wo haben Sie Unterschiede und Gemeinsamkeiten entdeckt?

Machen Sie sich die Mühe und schreiben Sie Ihre Vorgehensweisen, Ihre positiven und negativen Erfahrungen aus der Vergangenheit auf ein Blatt Papier und legen Sie es beiseite. Wenn Sie mit dem Buch fertig sind, holen Sie es wieder hervor, überarbeiten es und im Handumdrehen haben Sie Ihr eigenes Change Management Modell - ganz auf Sie und Ihr Unternehmen zugeschnitten.

9. Erfolgsfaktoren für erfolgreiches Change Management

Change Management ist nicht nur das Erkennen der Notwendigkeit von Veränderungen, sondern auch das Festlegen des richtigen Zeitpunktes für diese Veränderungen. Die Wahl des Zeitpunktes ist ein entscheidender Faktor. Expert*innen betonen die Bedeutung von Vision, Ziel und Strategie als Erfolgsfaktoren für Change Management. Leadership spielt hier eine entscheidende Rolle, indem es klare Ziele vorgibt und selbst fokussiert ist.

In KMU basiert Change Management auf den Erfahrungen des Leadership und der Analyse des Umfeldes. Visualisierung, Reflexion und der Austausch mit anderen Führungskräften generieren wichtige Erfahrungswerte. Während der Planungsphase ist die Wirtschaftlichkeit der Veränderung zu prüfen, und aus der Praxis zeigt sich, dass die zahlenbasierte Begleitung durch Leadership erfolgskritisch ist. Die Zahlen müssen dabei richtig interpretiert werden.

Die Planung von Change-Prozessen liegt in der Verantwortung der Führungskräfte. Durch das Erarbeiten von Lösungsansätzen in der Planungsphase können Erfolgsfaktoren für die Umsetzung generiert werden. Planungssicherheit wird als Schlüsselfaktor für erfolgreiches Change Management betrachtet.

Personal-Auswahl ist ein weiterer entscheidender Faktor. Leadership muss die passenden Qualifikationen der Schlüsselpersonen für einen Change-Prozess verifizieren. Die Herausforderung in KMU besteht darin, die richtigen Personen für die Umsetzung von Change-Prozessen auszuwählen. Die Einbindung aller Mitarbeiter*innen wird als Schlüsselfaktor angesehen, und klare Verantwortlichkeiten und

Führungsstrukturen sind notwendig.

Die Kommunikation ist von zentraler Bedeutung. Leadership muss den Sinn der Veränderung vermitteln und z. B. die Unterstützung des Betriebsrates gewinnen. Die Zweiwegkommunikation, angepasst an die Situation, wird als geeignetes Tool genannt. Leadership muss zwischen aktivem und subtilem Widerstand differenzieren können. Qualitative Kommunikation wird als Erfolgsfaktor betrachtet.

Die Begleitung der Betroffenen während eines Change-Prozesses ist essenziell. Leadership muss darauf achten, dass die Phasen dem geplanten Ablauf entsprechen. Die frühzeitige Identifikation von Schwachstellen ermöglicht es, die Produktivität während des Prozesses aufrechtzuerhalten.

Zügige Umsetzung von Veränderungen ist ein weiterer Erfolgsfaktor. Die geplanten Zeitspannen müssen unbedingt eingehalten werden. Soziale Kompetenz, die Fähigkeit, Orientierung und Perspektive zu bieten, ist notwendig, um die Motivation der Beteiligten aufrechtzuerhalten.

Leadership darf nicht auf Weiterbildung und die Generierung von zusätzlichem Wissen verzichten, um den sich ändernden Marktanforderungen gerecht zu werden. Selbst wenn Change-Prozesse nicht die geplanten Erfolge erzielen, können durch Reflexion Erfahrungswerte generiert werden. Sozialkompetenz, insbesondere Empathie und Charisma, sind entscheidende Faktoren für erfolgreiches Leadership in KMU.

Die Persönlichkeit der Führungskraft wird als äußerst erfolgsentscheidend betrachtet. Die Leidenschaft einer Führungskraft ist ein Schlüsselfaktor für erfolgreiches Change Management, und vorbildhafte Führung ist essenziell für den Erfolg eines Change-Prozesses.

Liste der evaluierten Erfolgsfaktoren

Diese 10 Erfolgsfaktoren bieten eine umfassende Grundlage für erfolgreiches Change Management in KMU, indem sie die Bedeutung von Vision, Leadership, Erfahrungswerten, Wirtschaftlichkeit, klaren Strukturen, qualifizierter Personal-Auswahl und effektiver Kommunikation betonen.

1. Klare Vision, Ziel und Strategie: Eine deutliche Vision, klare Ziele und eine durchdachte Strategie sind essenziell für den Erfolg des Change Managements.

2. Fokussiertes Leadership: Leadership spielt eine entscheidende Rolle und muss nicht nur klare Ziele vorgeben, sondern selbst fokussiert und engagiert sein.

3. Erfahrungswerte durch Visualisierung und Austausch: Die Generierung von Erfahrungswerten durch Visualisierung, Reflexion und der Austausch mit anderen Führungskräften ist ein wichtiger Aspekt.

4. Wirtschaftlichkeitsprüfung: Die Planung und Durchführung von Wirtschaftlichkeitsprüfungen während der Planungsphase sind erfolgskritisch.

5. Zahlenbasierte Begleitung durch Leadership: Die zahlenbasierte Begleitung eines Change-Prozesses durch Leadership ist entscheidend, erfordert jedoch eine korrekte Interpretation der Zahlen.

6. Planungssicherheit: Planungssicherheit stellt einen Schlüsselfaktor für den Erfolg von Change Management dar.

7. Qualifizierte Personal-Auswahl: Die Auswahl qualifizierter Personen für Schlüsselpositionen im Change-Prozess ist erfolgskritisch, insbesondere in KMU.

8. Klare Verantwortlichkeiten und Führungsstrukturen: Klare

Verantwortlichkeiten und Führungsstrukturen sind notwendig, um einen reibungslosen Ablauf zu gewährleisten.

9. Effektive Kommunikation: Die Kommunikation, insbesondere die Zweiwegkommunikation und das Erkennen von subtilem Widerstand, ist von zentraler Bedeutung.

10. Begleitung der Betroffenen und Identifikation von Schwachstellen: Die Begleitung der Betroffenen während des Change-Prozesses und die frühzeitige Identifikation von Schwachstellen sind entscheidende Faktoren für den Erfolg.

Versäumnisse oder Fehler, die den Erfolg von Veränderungen gefährden

Mögliche Schwächen und Fehler im Change Management, die den Erfolg von Veränderungen in Unternehmen gefährden können, erfordern besondere Aufmerksamkeit seitens der Führungsebene. Ein entscheidender Aspekt, der oft übersehen wird, ist die mangelnde Beachtung von Zeitrahmen und finanziellen Aspekten bei der Umsetzung eines Change-Prozesses. Führungskräfte müssen nicht nur darauf achten, dass die Veränderungen zügig umgesetzt werden, sondern auch die Kosten im Blick behalten, um einen reibungslosen Ablauf zu gewährleisten.

Ein weiterer kritischer Punkt liegt in der Motivation der Führungskräfte selbst. Wenn diese ihre eigene Begeisterung für den Wandel verlieren, kann dies auf das gesamte Team abfärben und den Erfolg des Change-Prozesses gefährden. Ebenso riskant ist es, sich nicht konsequent an die definierten Ziele, die Strategie oder den Operationalisierungsplan zu halten.

Ein häufiges Versäumnis, das als potenzielle Gefahr für den Erfolg von Change-Prozessen identifiziert wird, besteht darin, unzureichende Marktforschung hinsichtlich Nachfrage und Bedarf zu betreiben oder den Kosten-Nutzenfaktor fehlerhaft zu interpretieren. Mangelnde Kommunikation, unzureichende Konzeption und unausgereifte Strategien, die nicht auf klaren Zeitachsen basieren, werden ebenfalls als schwerwiegende Versäumnisse von Leadership betrachtet.

Entscheidungen, die nicht rechtzeitig getroffen werden, die Auswahl der falschen Schlüsselpersonen, oder der Verlust des Commitments der Betroffenen können ebenso den Erfolg gefährden. Feedback-Gespräche spielen eine essenzielle Rolle und ihr Fehlen wird als Versäumnis des

Leadership gewertet. Mangelnder Dialog und unzureichende Zweiwegkommunikation gehören zu den kritischen Faktoren, die vermieden werden müssen.

Ein weiterer wichtiger Aspekt ist die Sprache der Kommunikation. Wenn Führungskräfte nicht darauf achten, in allgemeinverständlicher Sprache zu kommunizieren und zu viel Fachjargon verwenden, kann dies die Betroffenen überfordern und zu einem negativen Einfluss auf den Change-Prozess führen. Das Risiko besteht darin, dass Mitarbeiter*innen die Veränderung nicht mehr mittragen, was zu einem notwendigen Personalwechsel und einem Neustart des Change-Prozesses führen kann.

Die Vernachlässigung von Messung, Kontrolle und Anpassung wird als weiteres Versäumnis betrachtet, das vermieden werden muss. Zeitliche Effizienz ist ein kritischer Faktor, und wenn Führungskräfte nicht sicherstellen, dass der Change so zeiteffizient wie möglich umgesetzt wird, kann dies das operative Geschäft negativ beeinflussen.

Ein besonders riskantes Szenario besteht darin, wenn Veränderungen ohne Einbindung der Betroffenen durch eine patriarchalische Führung, oder einen autoritären Stil erzwungen werden. Dies führt oft zu einem Scheitern von Change-Prozessen in kleinen und mittleren Unternehmen. Insgesamt unterstreicht dies die Bedeutung von verantwortungsvollem Leadership, effektiver Kommunikation und kontinuierlichem Monitoring, um Misserfolge zu vermeiden und den Erfolg von Veränderungen sicherzustellen.

Nachdem wir nun die potenziellen Fallstricke und Fehler, die den Erfolg von Veränderungsprozessen gefährden können, identifiziert und diskutiert haben, wenden wir uns der Schlüsselrolle zu, die der Persönlichkeit der Führungskräfte in diesem Zusammenhang zukommt. Die erkannten Versäumnisse stellen einen starken Kontrast zur Bedeutung der Führungskräftepersönlichkeit dar, die maßgeblich Einfluss auf die Bewältigung dieser Herausforderungen hat. Im Folgenden werden wir eingehend betrachten, wie die Eigenschaften und Handlungsweisen von Führungspersönlichkeiten den Verlauf von Veränderungsprozessen nachhaltig beeinflussen können.

Die Bedeutung der Führungskräftepersönlichkeit

Die Bedeutung der Persönlichkeit von Führungskräften ist in Bezug auf ihre Vorbildfunktion von herausragender Relevanz, so die Einschätzung von Experten. Eine effektive Führungspersönlichkeit zeichnet sich durch Charisma, Ausstrahlung und Überzeugungskraft aus. Kreativität und ökonomisches Denken werden als weitere wesentliche Merkmale einer erfolgreichen Führungspersönlichkeit hervorgehoben.

Zudem kennzeichnet sich eine Führungspersönlichkeit durch wertschätzendes Verhalten gegenüber den Mitarbeiter*innen aus, inklusive der Fähigkeit zu schmerzhaften Entscheidungen und der Bereitschaft, eigene Fehler zuzugeben. Authentizität, basierend auf grundlegenden Werten, sowie Einfühlungsvermögen sind weitere Schlüsselelemente. Selbst bei umfangreichen Belastungen durch Change Management und täglichen operativen Aufgaben sollte eine erfolgreiche Führungspersönlichkeit ihre mögliche Unsicherheit vor den Mitarbeiter*innen durch sicheres Auftreten und Ausstrahlung geschickt kaschieren können.

Besonderer Wert wird auf die Anerkennung als Führungspersönlichkeit gelegt, die nur dann erfolgt, wenn diese Rolle auch von anderen anerkannt und wahrgenommen wird. Demnach sollte eine Führungskraft nicht den Anspruch haben, in jedem Bereich ein Experte bzw. Expertin zu sein, sondern vielmehr Offenheit, Zuhören, Empathie und Mut an den Tag legen. Neben der bereits erwähnten Kreativität werden von einer Führungspersönlichkeit auch lösungsorientiertes Handeln, Leidenschaft und die Bereitschaft, den persönlichen Erfolg dem gemeinsamen Erfolg unterzuordnen, erwartet.

Generell ist es entscheidend, dass Führungskräfte eine robuste Persönlichkeit besitzen. Sie müssen in der Lage sein, Kritik und Feedback konstruktiv zu verarbeiten, in Krisensituationen souverän zu handeln und in unvorhergesehenen Situationen Ruhe zu bewahren. Prioritätensetzung und der innere Antrieb, andere zu führen, sind ebenfalls essenzielle Merkmale einer wirkungsvollen Führungspersönlichkeit.

Da wir nun auch die zentrale Rolle der Führungskräftepersönlichkeit beleuchtet haben, widmen wir uns jetzt den spezifischen Kompetenzen, die für Führungspersonen während Change-Prozessen von besonderer Relevanz sind. Die Erkenntnisse über die Bedeutung der Persönlichkeit von Führungskräften bilden die Grundlage für das Verständnis, welche Kompetenzen in Veränderungssituationen erfolgreich eingesetzt werden sollten. Im nächsten Abschnitt werden wir uns daher intensiv mit den entscheidenden Fähigkeiten und Eigenschaften auseinandersetzen, die Führungskräfte benötigen, um den Erfolg von Change-Prozessen zu fördern.

Signifikante Kompetenzen von Führungskräften und deren Relevanz bei Change-Prozessen

Die Fähigkeiten einer Führungskraft sollten über die rein fachlichen Kenntnisse hinausgehen und sich auf holistisches Denken, Auffassungs- und Beurteilungsvermögen sowie Objektivierung erstrecken. Die Klärung von Komplexität, die Fähigkeit, unterschiedliche Perspektiven zu verstehen, und eine objektive Bewertung von Situationen sind entscheidend. Eine klare Fokussierung ist dabei essenziell, um in einem dynamischen Umfeld erfolgreich zu agieren.

Besonders in Veränderungsprozessen kommt diesen Qualifikationen eine zentrale Bedeutung zu. Holistisches Denken ermöglicht es, die Wechselwirkungen verschiedener Elemente zu verstehen, während Auffassungs- und

Beurteilungsvermögen helfen, die Auswirkungen von Veränderungen auf das gesamte Unternehmen zu analysieren. Objektivierung ist entscheidend, um rationale Entscheidungen zu treffen und emotionale Barrieren zu überwinden. Insgesamt bilden diese Qualifikationen einen wichtigen Teil des Fundamentes, welches für eine erfolgreiche Führung, insbesondere in Zeiten des Wandels benötigt wird.

In kleinen und mittleren Unternehmen spielen fachliche Kompetenzen in sämtlichen Unternehmensbereichen eine entscheidende Rolle. Es wird betont, dass Führungskräfte nicht nur über generelle Managementkompetenzen verfügen sollten, sondern auch bereit sein müssen, erforderliche Fachkenntnisse zu erlernen, insbesondere im Bereich Wirtschaft und Finanzen. Diese Notwendigkeit wird besonders deutlich, wenn es um den Kosten-Nutzen-Faktor bei Veränderungsprozessen geht.

Die befragten Führungskräfte heben hierbei drei entscheidende Faktoren im Change Management hervor. Erstens spielt die sorgfältige Auswahl der handelnden Personen eine zentrale Rolle. Zweitens ist die Qualität des Finanzmanagements von wesentlicher Bedeutung. Drittens wird die zahlen-technische Begleitung während der Umsetzungsphase als erfolgskritisch identifiziert. Diese Aspekte verdeutlichen die enge Verbindung zwischen fachlichen Kompetenzen, insbesondere im finanziellen Bereich, und dem erfolgreichen Management von Veränderungsprozessen in KMU.

Die Erfahrungen haben gezeigt, dass Soziale Kompetenz eine besondere Schlüsselrolle in KMU spielt, da sie maßgeblich die Mitarbeiterzufriedenheit und das erforderliche Commitment beeinflusst.

Die Relevanz der Öffentlichkeitskompetenz wird ebenso betont, indem darauf aufmerksam gemacht wird, wie wichtig es ist, wie Führungskräfte inner- und außerbetrieblich wahrgenommen werden.

Mehrfach wird die Fähigkeit zur Reflexion als

erfolgsentscheidend genannt, wobei Selbstreflexion und Selbstwahrnehmung als unabdingbar gelten.

Die Qualität und Quantität von Kommunikation, Dialogen, Gesprächen und Feedback wurden als notwendige und erfolgsrelevante Kompetenzen von Führungskräften im Change Management angesprochen.

Insgesamt zeigt die Analyse der Befragungsergebnisse, dass erfolgreiches Leadership ein breites Kompetenzspektrum benötigen, um effektiv agieren zu können. Dies bildet die Grundlage für eine nahtlose Überleitung zu unserem nächsten Thema.

Führungsstile und Leadership Mindset

Im Kontext von Leadership in kleinen und mittleren Unternehmen stehen verschiedene Führungsstile im Fokus, wobei Experten betonen, dass es keine eindeutige Form oder Definition des erfolgreichsten Stils gibt.

Ein kollaborativer Führungsansatz, der auf Einbindung und Teamarbeit setzt, minimiert Widerstände in Change-Prozessen, da die Betroffenen von Anfang bis Ende einbezogen werden. Einige Führungskräfte bevorzugen jedoch situativ einen patriarchalischen Ansatz, insbesondere wenn Mitarbeiter*innen trotz Einbindung denken, sie könnten machen, was sie wollen.

Ist jedoch ein KMU in ihrer Existenz bedroht und Change Prozesse deshalb unausweichlich, erwarten sich die Mitarbeiter vom Leadership einen autoritäreren Stil und mehr Führung (Zulehner, 2021).

Ein Druck- und Zwangsstil wird als kontraproduktiv angesehen, da er Widerstand hervorrufen kann. Kooperative Führungsstile, die Entscheidungen konsultativ und in Abstimmung mit anderen Führungskräften treffen, sind in der Praxis verbreitet. Ein kollegialer Führungsstil schließt Entscheidungsfreudigkeit und situative patriarchalische Führung nicht aus. Die Mischform aus partizipativem und kooperativem Führungsstil hat sich in KMU bewährt.

Der Laissez-faire-Stil wird von einigen Geschäftsführern bevorzugt, er erfordert jedoch klare Vorgaben, um die Umsetzung von Change-Prozessen zu unterstützen. Widerständen sollte mit Verständnis und Kommunikation begegnet werden, und bei anhaltendem Widerstand müssen klare Top-down-Ansätze verfolgt werden. Eine Führungskraft betont die Durchsetzungsfähigkeit der Position, während eine andere auf die menschliche Seite des Leadership hinweist.

Die Bedeutung von Glück und Zufriedenheit des Personals wird betont, da diese Faktoren entscheidend für den Erfolg von Veränderungsprozessen sind. Insgesamt verdeutlicht die Vielfalt der Führungsstile die Komplexität von Change Management in KMU und unterstreicht die Bedeutung der Anpassung an situative Erfordernisse.

Gibt es typische Erfolgsfaktoren im Change Management?

Die Suche nach typischen Erfolgsfaktoren im Change Management spiegelt den tiefen Wunsch der Führungskräfte in KMU nach einer universellen Anleitung wider, um erfolgreich durch Veränderungen zu navigieren. In der Philosophie des Managements strebt man nach essenziellen Prinzipien, die nicht nur Veränderungen bewältigen, sondern auch während der Transformation Potenziale freisetzen können. Diese Frage reflektiert auch die Sehnsucht nach einer Art "Lebensweisheit" für Transformation, die über individuelle Erfahrungen hinausgeht und als verlässlicher Leitfaden dient. Der Wunsch nach einem universellen Schlüssel, der die Komplexität von Change Management vereinfacht und in unsicheren Zeiten Orientierung bietet, ist deutlich spürbar.

Im bisherigen Verlauf wurden mehrere Schlüsselfaktoren identifiziert. Eine holistische Sichtweise, welche Emotionen, individuelle Herausforderungen und Führungsaspekte berücksichtigt, ist entscheidend. Die Führungskräftepersönlichkeit, inklusive Authentizität, Kommunikationsfähigkeiten und Selbstreflexion, spielt eine zentrale Rolle. Auffassungsvermögen, Sozialkompetenz und Lernbereitschaft in wirtschaftlichen Belangen sind essenzielle Kompetenzen. Ein ausgewogenes Kommunikationsverhalten, basierend auf Dialogen, Feedback und Zweiwegkommunikation, beeinflusst die Akzeptanz der Veränderung erheblich.

Vertrauen, sowohl seitens der Mitarbeiter*innen in die Führung als auch seitens der Führungskräfte in die Change Management-Praktiken, ist ein weiterer kritischer Faktor. Die Einbeziehung der vom Change Betroffenen, transparente Entscheidungsfindung und der Aufbau einer Vertrauenskultur sind hierbei sehr wichtig.

Die Bedeutung von Zeit im Change Management wurde betont, wobei die Dauer je nach Umfang der Veränderung variiert. Realistische Erwartungen und Geduld sind unerlässlich.

Zusammenfassend verdeutlicht die Analyse die komplexe Natur des Change Managements und die facettenreichen Anforderungen an Führungskräfte. Der Erfolg erfordert eine breite Palette von Kompetenzen, die von emotionaler Intelligenz bis zu effektiven Kommunikationsfähigkeiten reichen.

10. Erfahrungen von Führungskräften

Auf den folgenden Seiten finden Sie eine kompakte Zusammenstellung von zwei Erfahrungsberichten, darunter ein Bericht von einer mir persönlich bekannten Führungskraft sowie eigene Erlebnisse.

Digitalisierung im Lagerbereich

Lassen Sie mich an dieser Stelle von einer meiner Erfahrungen berichten:

Als Geschäftsführerin eines Lager- und Logistik Centers stand ich vor der Herausforderung, den Betrieb von manuellen, papierbasierten Aus- und Einlageraufträgen auf moderne digitale Anwendungen umzustellen. Der Fokus lag dabei auf der Optimierung der Stellplatzverwaltung, um Effizienzsteigerungen zu erzielen. Doch diese Veränderung brachte zahlreiche Herausforderungen mit sich.

Die erste Hürde bestand darin, die richtige Hard- und Software auszuwählen, die nicht nur unsere aktuellen Anforderungen erfüllte, sondern auch zukunftsfähig war. Zusätzlich suchten wir intensiv nach Fördermöglichkeiten, um die finanzielle Belastung zu minimieren, die mit der Implementierung der neuen Technologien einher ging.

Der optimale Zeitpunkt für die Umstellung war ein weiterer entscheidender Aspekt. Hier galt es, den Betriebsablauf so wenig wie möglich zu beeinträchtigen und gleichzeitig die Umstellung effizient durchzuführen.

Eine besondere Herausforderung stellte der Großteil der älteren Mitarbeiter*innen dar, die sehr wenig bis gar keine Erfahrung im Umgang mit digitalen Technologien hatten. Der Widerstand gegen die Digitalisierung war spürbar, und es wurde deutlich, dass ein umfassendes Schulungsprogramm unerlässlich war.

Als Geschäftsführerin hatte ich zudem meine eigenen Bedenken und Befürchtungen. Der Schulungsbedarf war größer als erwartet, und die Integration der neuen Anwendungen in bestehende Systeme gestaltete sich komplexer als gedacht. Der Datenübertragungsprozess von den Papierformularen zu den digitalen Anwendungen erforderte höchste Präzision, um Fehler zu vermeiden.

Die Gewährleistung von Datensicherheit und Datenschutz war ein weiteres sensibles Thema. Die Compliance mit den geltenden Richtlinien war unerlässlich, um Vertraulichkeit und gesetzeskonforme Datenverarbeitung zu gewährleisten.

Die Motivation älterer Mitarbeiter zu fördern, erwies sich als langwieriger Prozess. Es war notwendig, ihre Ängste und Vorbehalte ernst zu nehmen und individuelle Unterstützung anzubieten.

Während der Umstellungsphase kam es zum Glück nicht zu längeren Betriebsunterbrechungen, die Verzögerungen hielten sich in Grenzen und es kam zu keinen finanzielle Einbußen. Die Anpassung der Arbeitsabläufe erforderte zudem umfassende Umstrukturierungen, die jedoch zusätzliche Ressourcen in Anspruch nahmen.

Dank meiner intensiven Auseinandersetzung mit den Prinzipien des Change Managements konnte ich diese Herausforderungen erfolgreich bewältigen. Klare Kommunikation, gezielte Schulungen, individuelle Unterstützung und die Einbindung der Mitarbeiter*innen in den Veränderungsprozess trugen dazu bei, Widerstände zu überwinden. Die intensive Vorbereitung ermöglichte es mir, flexibel auf auftretende Probleme zu reagieren und das Team durch diese anspruchsvolle Phase zu führen.

Trotz des erhöhten Zeitaufwands, den die Veränderung mit sich brachte, gelang es mir, das operative Geschäft und den Vertrieb erfolgreich weiterzuführen. Dieser Change-Prozess war nicht nur eine technologische Umstellung, sondern eine umfassende Transformation, die das gesamte Unternehmen stärker und zukunftsfähiger gemacht hat.

Online versus Präsenz

Es folgt hier ein sehr persönlicher Erfahrungsbericht einer Führungskraft aus der Versicherungsbranche.

Anfang 2020 habe ich bei einer großen Versicherungsanstalt im mittleren Management zu arbeiten begonnen. Damals konnte ich nicht ahnen, welchen rasanten Wandel meine berufliche Realität durch die Covid-19-Pandemie und den damit verbundenen Wechsel von Präsenz zu Online-Meetings, Videokonferenzen sowie Online-Schulungen erfahren würde.

Die Herausforderungen begannen mit dem abrupten Umstieg auf Home-Office, während ich selbst noch im Onboarding-Prozess steckte.

Die Wahl der geeigneten Videokonferenzsoftware wurde zur regelrechten Odyssee. Nach dem Start mit App1 und einem schnellen Wechsel zu App2 fanden wir schließlich mit App3 eine Lösung, die all unseren Anforderungen gerecht wurde. Doch auch hier war die Anpassung an die neuen Tools nicht ohne Startschwierigkeiten verbunden.

Die Einarbeitung in die neuen Online-Tools erfolgte zwar technisch, aber die Kunst der Online-Kommunikation, von Motivation bis Wissenstransfer, musste ich "by doing" lernen. Meine anfängliche Unsicherheit vor den ersten Online-Meetings war real. Technikprobleme? Check. Nervosität? Doppelt Check. Doch mit der Zeit wurden wir alle routinierter.

Meine größte Sorge galt der Effizienz von Online-Schulungen. Anfänglich empfand ich sie als zu wenig verbindlich, insbesondere bei den älteren Teilnehmer*innen, die mit der Situation überfordert schienen. Einige der jüngeren Mitarbeiter*innen nutzten die unpersönliche Atmosphäre sogar aus, sie waren unaufmerksam, machten nebenbei etwas anderes und die anfängliche Anonymität größerer Gruppen verstärkte das Problem.

Ohne die Körpersprache wahrnehmen zu können, war es für mich online viel schwieriger, die Stimmung und Aufmerksamkeit einzuschätzen. Besser war es bei Meetings mit anderen Führungskräften, hier waren die Gruppen kleiner, vielleicht max. 10 Personen. In diesen Teams war das Mindset ein anderes, es war ein deutlich größeres Maß an Ernsthaftigkeit zu spüren.

Die Außendienstmitarbeiter*innen, deren Gehalt zum größten Teil aus einem variablen Teil besteht, welcher abhängig von der Zielerreichung ist, durften während der Lockdowns nicht persönlich zum Kunden. Sie mussten trotzdem Geschäftsfälle bearbeiten und neue Kundinnen und Kunden gewinnen bzw. Neuverträge abschließen. Die Kund*innen selbst waren auch nicht immer auf Onlinekommunikation vorbereitet, was die Kommunikation primär auf Telefonanrufe beschränkte. Besonders heikel wurde es bei komplexen Versicherungsleistungen und der rechtsverbindlichen Unterzeichnung von Verträgen.

Obwohl ich meine Außendienstmitarbeiter*innen angewiesen und intensiv motiviert habe das Online-Tool auch für Kundentermine einzusetzen, haben sie es nicht einmal ansatzweise genutzt. Sie haben lieber telefoniert und die Geschäfte „über den Gartenzaun" gemacht. Das mangelnde Commitment, vor allem der Jüngeren und derer, die gerade erst im Unternehmen angefangen haben, hat dazu geführt, dass sie so gut wie keine Geschäfte gemacht haben. Dies führte unter anderem auch dazu, dass die produktiven und etablierten Mitarbeiter*innen meinten, die „Jungen und Neuen" würden die Pandemie als Ausrede nehmen, um nicht arbeiten zu müssen, was natürlich zu einer negativen Stimmung führte.

Lösungsansätze mussten her. Ich kürzte die Schulungen zeitlich, sorgte für Interaktionen, sprach die Teilnehmer*innen direkt an und versuchte, sie aktiv einzubinden. Durch die Kombination von Online- und Präsenzschulungen (sofern möglich) versuchte ich, das Beste aus beiden Welten zu nutzen.

Mein persönliches Fazit: Online-Tools sind sehr gut geeignet, um sich in Kleingruppen abzustimmen sowie Informationen und Ergebnisse in kürzester Zeit an eine große Gruppe weiterzugeben, aber komplexe Schulungen und Trainings sind in Präsenz effektiver. Die Pandemie hat mir gezeigt, dass eine flexible Herangehensweise und eine Mischung aus Online- und Präsenzformaten mir den größten Erfolg bringen (Anonym, 2024).

11. Fazit aus Empirie und Praxiswissen

Liebe Führungskräfte von KMU und diejenigen, die es werden wollen,

in der dynamischen Welt der Unternehmensführung begegnen Sie ständig Veränderungen und Herausforderungen. Der Abschnitt "Empirische Erhebungen und Praxiswissen direkt aus der Unternehmenswelt" hat Ihnen einen Einblick in die Vielfalt der Anforderungen und Erfolgsfaktoren gegeben, die mit Führung im Kontext von Veränderungsprozessen einhergehen.

Sie haben gelernt, wie wichtig es ist, sich auf verändernde Märkte einzustellen und dabei klare Verhaltensregeln zu befolgen. Die verschiedenen Führungsstile wurden beleuchtet, von kollaborativ bis hin zu situativ patriarchisch, um Ihnen aufzuzeigen, dass es keine Einheitslösung gibt, sondern vielmehr eine Anpassung an die jeweilige Situation erforderlich ist.

Besonders hervorheben möchte ich, dass die Persönlichkeit der Führungskraft einen entscheidenden Einfluss auf den Erfolg von Veränderungsprozessen hat. Es ist Ihre Persönlichkeit, die den Ton angibt und die Richtung vorgibt. In diesem Zusammenhang möchte ich Sie ermutigen, über Ihre eigene Persönlichkeit und Ihre Führungsqualitäten nachzudenken.

Trotz der Komplexität der Anforderungen möchte ich Sie bestärken, nicht den Mut zu verlieren. Nutzen Sie die Vielfalt der Anforderungen als Chance zur persönlichen und beruflichen Entwicklung. Seien Sie aufmerksam beim Lesen, lernen Sie aus den Erfahrungen anderer, und nehmen Sie sich die Zeit für eine ehrliche Selbstreflexion. Identifizieren Sie Ihre Schwächen und arbeiten Sie gezielt an deren Verbesserung.

Führung ist nicht nur eine Aufgabe, sondern eine stetige Reise der Weiterentwicklung. In der Vielfalt der Anforderungen liegt auch die Chance, durch kontinuierliche Weiterbildung und einem offenen Leadership Mindset erfolgreich Veränderungen zu gestalten.

III. EMOTIONEN IM ZUSAMMENHANG MIT LEADERSHIP UND CHANGE MANAGEMENT

Willkommen zu einem tiefgehenden Blick auf die emotionalen Facetten von Leadership und Change Management! In diesem Abschnitt widmen wir uns nicht nur den Herausforderungen und Erwartungen, sondern auch den emotionalen Nuancen, welchen Führungskräfte und ihre Teams gegenüberstehen.

Die Reise der Veränderung beginnt oft im ungemütlichen Terrain der IST-Situation, geprägt von negativen Emotionen und Unzufriedenheit. Der Lockruf eines erstrebenswerten SOLL-Zustands verspricht Wohlbefinden, Bestätigung und Freude. Doch dieser Weg, die Transformation, ist ein emotionales Wechselbad. Wir empfinden Hoffnung, Freude und Motivation, aber auch Ängste, die uns quälen: Werden wir Erfolg haben? Können wir es schaffen? Wird es wirklich besser? Können meine Mitarbeiter*innen mithalten? Und wie stehe ich da, wenn es scheitert?

Manche Führungskräfte verweilen in der Perfektion der Planung, stets bemüht, alle Risiken zu eliminieren. Doch die Wahrheit ist, man kann nicht alle Risiken ausschalten, nur minimieren und bewerten. Nach einer gründlichen Analyse der IST-Situation bewerte ich stets das Risiko. Was, wenn das Scheitern eintritt? Eine ehrliche Antwort darauf ist entscheidend. Wenn Sie glauben, mit dem Risiko leben zu können, dann starten Sie durch!

Selbstzweifel an der eigenen Kompetenz sind anfangs nicht ungewöhnlich. Mein Rat: Suchen Sie externe Hilfe, jemanden, der Sie bei der Gestaltung der Transformation unterstützt, mit dem Sie frei über Ihre Emotionen sprechen können. Schreiten Sie Schritt für Schritt voran, und Sie werden feststellen, dass mit jedem Erfolg die Ängste schwinden und die Hoffnung wächst.

Seien Sie mutig. Für mich bedeutet Mut, sich den Ängsten zu stellen, an ihnen zu arbeiten und sich nicht davon bremsen zu lassen. Die Angst ist nicht unser Feind, sondern die mahnende Stimme der Vernunft, vorsichtig und bedacht vorzugehen.

Ich erinnere mich an die Anfangsunsicherheit jedes Veränderungsprozesses, den Knoten im Magen. Doch die schönsten Momente waren, wenn die Veränderung positiv gemeistert wurde. Ein tiefes Gefühl der Zufriedenheit erfüllte mich, besonders wenn ich sah, wie sich meine Mitarbeiter*innen freuten. Ich war Stolz auf unsere gemeinsame Leistung. Deshalb möchte ich Sie ermutigen, sich Ihren Ängsten zu stellen, Ihre Hoffnungen zu nähren und, wenn nötig, Hilfe von außen in Anspruch zu nehmen. Denn Veränderung ist keine Schande, sondern eine Reise zu neuen Ufern.

12. Was vom Change Management betroffenen Personen lieben bzw. hassen

Transparente Kommunikation im Change Management steht hoch im Kurs, denn Betroffene lieben es, wenn Führungskräfte klar und offen über geplante Veränderungen und die damit verbundenen Strategien informieren. Dies schafft Klarheit, reduziert Unsicherheit und fördert das Verständnis für den Veränderungsprozess. Im Gegenzug wird **Intransparente Kommunikation** abgelehnt, denn sie erzeugt Verwirrung und Unsicherheit unter der Belegschaft. Unklare Informationen führen zu Fehlinterpretationen und erschweren die erfolgreiche Umsetzung von Veränderungen.

Partizipation und Einbindung sind entscheidend. Hierbei erhalten Mitarbeiter*innen die Möglichkeit zur Mitgestaltung und Einflussnahme auf Entscheidungen im Veränderungsprozess. Dies fördert nicht nur die Akzeptanz, sondern bringt auch wertvolle Perspektiven und Ideen ein und wird sehr geschätzt. **Fehlende Beteiligung und Mitsprache** in Entscheidungsprozesse führen zu einem Mangel an Identifikation mit den Veränderungen. Dies beeinträchtigt die Motivation und schafft Distanz zwischen den vom Change Betroffenen und dem Veränderungsprozess.

Lösungsorientierte Unterstützung im Change Management geht über die Bereitstellung von Ressourcen hinaus. Es beinhaltet individuelle Hilfe bei der Bewältigung von Herausforderungen, sei es durch Schulungen, oder gezielten Beistand durch Führungskräfte. Gefürchtet und gehasst wird hingegen **fehlende Hilfe in Krisen**. Ein Mangel an Unterstützung in schwierigen Phasen des Veränderungsprozesses verstärkt Unsicherheit und kann zu einem Vertrauensverlust führen. Mitarbeiter*innen benötigen in Krisensituationen klare Unterstützung, um erfolgreich durch den Wandel zu navigieren.

Sehr geschätzt wird **Anerkennung und Feedback,** besonders wenn es regelmäßig und konstruktiv ist. Personen die für die Umsetzung der Veränderung verantwortlich oder involviert sind, wünschen sich, für Fortschritte und Erfolge im Transformationsprozess gewürdigt zu werden. Lob stärkt das Selbstwertgefühl sowie die Motivation und fördert eine positive Einstellung. **Fehlende Wertschätzung und Rückmeldung** für geleistete Arbeit führen zu Frustration und Widerstand. Ehrliche Anerkennung ist ein entscheidender Faktor, um Engagement und Einsatzbereitschaft während des Veränderungsprozesses aufrechtzuerhalten.

Viele Betroffene wünschen sich Unterstützung und Hilfe bei **effektiver Stressbewältigung.** Programme zur Förderung von Wohlbefinden und Stressmanagement unterstützen Mitarbeiter*innen dabei, mit den Herausforderungen des Veränderungsprozesses umzugehen. Ein stressfreies Umfeld fördert die mentale Gesundheit und trägt zur erfolgreichen Umsetzung bei. Ignoranz gegenüber Stress kann fatale Folgen haben. Das **Ignorieren von Überarbeitung,** Überbelastung kann zu einem Anstieg von Widerstand und Unzufriedenheit führen. Die Vernachlässigung dieser Aspekte beeinträchtigt nicht nur die Motivation und das Wohlbefinden, sondern im schlimmsten Fall sogar die Gesundheit der Mitarbeiter*innen. Es gibt kaum etwas Belastenderes als den unerwarteten Ausfall einer Schlüsselperson während eines Transformationsprozesses. Dieser Umstand kann nicht nur den Fortschritt des Wandels erheblich beeinträchtigen, sondern im schlimmsten Fall sogar zum Scheitern führen.

Förderung einer positiven Unternehmenskultur, hier liegt die Betonung auf Teamarbeit, Zusammenhalt und positiven Arbeitsbeziehungen. Die Veränderung wird so als gemeinsame Anstrengung wahrgenommen. All das schafft eine positive Unternehmenskultur, die von den Beteiligten geliebt wird.

Eine negative Unternehmenskultur, geprägt von **Missachtung von Teamarbeit und mangelndem Zusammenhalt** führt dazu, dass sich die Betroffenen nicht mehr mit dem Change identifizieren und das Interesse verloren geht. All dies erschwert die Kooperation und den gemeinsamen Erfolg im Change Management, denn ein positives Arbeitsumfeld ist essenziell wichtig!

Die Bereitstellung von Angeboten für persönliches und berufliches Wachstum und **individuelle Entwicklungsmöglichkeiten** werden sehr geschätzt und fördern die Mitarbeiterbindung und die Bereitschaft zur Veränderung. **Begrenzte Perspektiven und Möglichkeiten** lassen nicht nur die Motivation stagnieren, sondern können zu einer sich negativ auswirkenden Personalfluktuation führen. Wissen und Zeit geht verloren!

Vertrauensvolle Führung ist durch authentisches und kompetentes Leadership möglich. Führungskräfte, die Vertrauen schaffen, erleichtern den Mitarbeiter*innen die Akzeptanz von Veränderungen und schaffen eine positive Arbeitsatmosphäre. Ein **Vertrauensbruch durch inkonsistente oder unauthentische Führung** wird abgelehnt und untergräbt die Glaubwürdigkeit der Führungskräfte. Vertrauen ist ein zentraler Baustein im Change Management, und ein Bruch kann erhebliche Widerstände gegenüber Veränderungen auslösen.

Großer Wert wird auch auf **flexible Arbeitsstrukturen** gelegt. Die Möglichkeit zur Anpassung an individuelle Bedürfnisse und Lebensumstände fördern die Work-Life-Balance und unterstützen Mitarbeiter*innen dabei, sich besser auf Veränderungen einzulassen. **Starre Arbeitsbedingungen** und mangelnde Anpassungsmöglichkeiten hemmen die Transformation. Diese Arbeitsstrukturen können unter anderem auch die Reaktionsfähigkeit des Unternehmens beeinträchtigen und das wirkt sich auch auf das operative Geschäft aus.

Klare Perspektiven und Visionen bieten Ansporn und Hoffnung während des Veränderungsprozesses. Vom Change Betroffene benötigen eine klare Vision, um ihre Rolle im größeren Kontext zu verstehen und sich aktiv am Wandel zu beteiligen. Die **Ungewissheit über die Zukunft** fördert Ängste und beeinträchtigt die Motivation der Mitarbeiter. Klare Perspektiven sind notwendig, um ein gemeinsames Verständnis für die Richtung des Veränderungsprozesses zu schaffen und die Mitarbeiter*innen zu inspirieren. Ihre Belegschaft will wissen, wohin die Reise geht!

13. Ängste überwinden und die Vision eines erfolgreichen KMUs leben

Von Unsicherheit und Überforderung bis hin zu Skepsis und Selbstzweifeln - entdecken Sie die Welt der Emotionen, die den Veränderungsprozess prägen. Durch die Ergründung dieser Herausforderungen möchte ich nicht nur Ihr Verständnis wecken, sondern auch Wege aufzeigen, wie diese Emotionen in positive Energie und kraftvolle Führung transformiert werden können. Entdecken Sie die Welt der Leadership-Emotionen und lassen Sie sich von den Lösungsansätzen inspirieren!

Unsicherheit und Orientierungslosigkeit

Unklarheiten in Change Management und Leadership erzeugen Unsicherheit und Orientierungslosigkeit, welche zu unnötigem Widerstand gegenüber der geplanten Veränderung führen. Bei den Betroffenen entsteht das Bedürfnis nach Klarheit und Verständnis für die Prozesse. Hier sind ein paar Beispiele für Fragen, die sich Ihre Mitarbeiter*innen stellen könnten:

1. "Was bedeutet die Veränderung genau für meine tägliche Arbeit? Wie wirkt sie sich auf meine Aufgaben aus?"

2. "Warum wollen wir diese Veränderung machen, und wie passt meine Arbeit in das Gesamtbild?"

3. "Bekomme ich Unterstützung, um die Veränderung gut umzusetzen? Gibt es Schulungen oder Hilfe, die mir angeboten werden?"

4. "Wie erfahren wir alle, was genau passiert? Kann ich dazu beitragen, dass Informationen gut und einfach geteilt werden?"

5. "Gibt es eine Möglichkeit, dass ich meine Gedanken teile? Wer hört zu, wenn ich Fragen oder Bedenken habe, und wie werden sie berücksichtigt?"

6. "Was passiert, wenn die Veränderung scheitert und hat das Auswirkungen auf meinen Arbeitsplatz?"

Die Mitarbeiter*innen und die mit dem Change Beauftragten suchen nach Orientierung und klaren Wegen. Um der Verwirrung im Kontext von Change Management und Leadership zu begegnen, haben Führungskräfte von KMU verschiedene Möglichkeiten:

Eine **klare Kommunikation** mit transparenten Botschaften über die Ziele, Gründe und den Prozess des Wandels ist entscheidend. Vermeiden Sie Fachjargon und nutzen Sie eine verständliche

Sprache.

Durch Partizipation und einer aktiven **Einbindung der Mitarbeiter*innen** in den Veränderungsprozess schaffen Sie Klarheit. Lassen Sie Raum für Fragen, Feedback und Ideen, diese fördern das Verständnis und die Akzeptanz.

Qualifizierung der Mitarbeiter*innen: Bieten Sie Schulungen und Ressourcen an, um sicherzustellen, dass die Beteiligten die notwendigen Fähigkeiten für die Veränderungen entwickeln können. Dies reduziert Unsicherheit.

Setzen Sie **klare Ziele** für den Veränderungsprozess. Die Definition von Meilensteinen und Erfolgskriterien schafft eine klare Roadmap.

Ernennen Sie **Change Agents**, indem Sie Schlüsselpersonen im Unternehmen identifizieren, die den Wandel unterstützen und als Ansprechpartner dienen können. Dies erleichtert den Informationsfluss und stärkt das Vertrauen.

Schaffen Sie eine offene **Feedbackkultur**, in der alle ihre Bedenken äußern können. Feedback ermöglicht es, auf Unsicherheiten einzugehen und Anpassungen vorzunehmen.

Nehmen Sie sich einen Führungskräfte Coach oder schulen Sie Ihre Führungskräfte im Umgang mit Veränderungen und der Kommunikation mit ihren Teams. **Starke Führung** minimiert Verwirrung.

Durch **regelmäßige Evaluierung** überprüfen Sie den Fortschritt des Veränderungsprozesses. Bei Bedarf passen Sie die Strategie an, um auf aufkommende Herausforderungen zu reagieren.

Zeigen Sie **emotionale Intelligenz** durch Empathie und Verständnis. Führungskräfte sollten eine hohe emotionale Intelligenz zeigen, um die Gefühle und Bedenken der Beteiligten zu verstehen. Empathie schafft Vertrauen und Sicherheit.

Vernachlässigen Sie das **Risikomanagement** nicht. Erkennen Sie potenzielle Risiken und Unsicherheiten frühzeitig. Ein effektives Risikomanagement ermöglicht es, präventive

Maßnahmen zu ergreifen.

Indem Sie diese Maßnahmen anwenden, tragen Sie maßgeblich dazu bei, in Zeiten des Wandels Klarheit und Verständnis zu schaffen. Auf diese Weise minimieren Sie die Auswirkungen von Verwirrung und stärken das Vertrauen Ihrer Teams.

Vergessen Sie nicht, Ihre Mitarbeiter*innen haben genauso wie Sie Existenzängste!

Überforderung

In der Dynamik von geplanten Veränderungen können sich Mitarbeiter*innen und Führungskräfte oft überfordert fühlen, was vielfältige negative Auswirkungen auf die Arbeitsumgebung haben kann. Eine kontinuierliche Überlastung kann zu ernsthaften gesundheitlichen Problemen führen, darunter Stress, Schlafstörungen, Kopfschmerzen und sogar Angstzustände oder Depressionen. Es wird deutlich, dass die Gesundheit der Beteiligten ein entscheidender Faktor ist, der nicht vernachlässigt werden darf.

Die **Motivation und das Engagement könnten sinken**, wenn sich die Menschen permanent überfordert fühlen. Das Interesse an der Arbeit könnte schwinden, was zu einer Abnahme der Leistung führt. Dies ist besonders bedeutsam, wenn Veränderungen eine hohe Motivation erfordern, um erfolgreich umgesetzt zu werden.

Eine weitere Herausforderung besteht in einem möglichen **Qualitätsverlust bei der Arbeit**. Überforderte Personen neigen dazu, Fehler zu machen oder ihre Aufgaben in geringerer Qualität zu erledigen. Dies könnte die Gesamtleistung des Teams beeinträchtigen und die Zielerreichung der geplanten Veränderungen behindern.

Kommunikationsprobleme könnten auftreten, wenn es Schwierigkeiten gibt, effektiv miteinander zu kommunizieren. **Missverständnisse und Konflikte** könnten den Veränderungsprozess beeinträchtigen, da klare Kommunikation und Zusammenarbeit entscheidend sind.

Die langfristige Überforderung ohne angemessene Bewältigungsstrategien könnte zu **Burnout** führen, einem ernsthaften Zustand von tiefer Erschöpfung. Mitarbeiter*innen, die an Burnout leiden, können nicht mehr effektiv zur

Umsetzung geplanter Veränderungen beitragen.

Hohe Fluktuation könnte eine weitere Konsequenz sein, wenn überforderte Mitarbeiter*innen das Unternehmen verlassen, um sich vor weiterem Stress zu schützen. Dies würde zu einem Verlust von erfahrenen Teammitgliedern führen, was den Veränderungsprozess erschweren könnte.

Ein **negativer Einfluss auf das Arbeitsklima** ist ebenfalls zu befürchten. Überforderte Menschen könnten negative Stimmungen verbreiten, was die Zusammenarbeit und den Zusammenhalt im Team beeinträchtigen kann.

Schließlich könnte die kognitive Leistungsfähigkeit beeinträchtigt werden, was zu einem **Mangel an Kreativität und Innovation** führt. In Zeiten des Wandels ist jedoch die Fähigkeit, kreative Lösungen zu entwickeln, von entscheidender Bedeutung.

Um diesen Herausforderungen mit Erfolg zu begegnen, ist es für Sie als Führungskraft von zentraler Bedeutung, proaktiv auf Anzeichen von Überforderung zu reagieren. Setzen Sie auf klare Kommunikation, angemessene Ressourcenbereitstellung und eine transparente Aufgabenverteilung. Ein weiterer entscheidender Schritt ist die Förderung eines gesunden Arbeitsumfelds, welches das Wohlbefinden Ihrer Mitarbeiter*innen stärkt.

In Ihrer Schlüsselrolle als Führungskraft können Sie maßgeblich dazu beitragen, die Auswirkungen von Überforderung zu mindern. Erkennen Sie die Belastungen Ihrer Mitarbeiter*innen rechtzeitig und ergreifen Sie unterstützende Maßnahmen. Durch Ihre einfühlsame Führung tragen Sie dazu bei, dass Ihre Teammitglieder gestärkt und motiviert bleiben, was wiederum einen reibungslosen und erfolgreichen Veränderungsprozess ermöglicht. Seien Sie sich Ihrer wichtigen Rolle bewusst und setzen Sie gezielt auf die Förderung des Wohlbefindens Ihrer Mitarbeiter*innen, um gemeinsam die Herausforderungen des Wandels erfolgreich zu meistern.

Skepsis

Die Skepsis gegenüber geplanten Veränderungen, stellt eine subtile, aber bedeutsame Form des Widerstands dar. Diese Haltung kann durch Zweifel, Unsicherheiten und generelle Ablehnung gegenüber den anstehenden Veränderungen zum Ausdruck kommen. Ursachen für diese Skepsis können vielfältig sein, angefangen von mangelnder Information über die Gründe der Veränderung bis hin zu persönlichen Sorgen bezüglich der Auswirkungen auf den Einzelnen.

Um diesem Widerstand entgegenzuwirken, ist es entscheidend, bewährte Lösungsansätze wie bei Unsicherheit und Überforderung zu nutzen. Eine transparente und offene Kommunikation seitens der Führungskräfte spielt hierbei eine Schlüsselrolle. Indem die Bedenken der Betroffenen ernst genommen werden und ihnen aktiv zugehört wird, entsteht Raum für eine klare Erklärung der Beweggründe für die Veränderung, der positiven Ziele und der individuellen Auswirkungen.

Bereits erarbeitete Maßnahmen wie die proaktive Reaktion auf Anzeichen von Überforderung, klare Kommunikation, angemessene Ressourcenbereitstellung und die Förderung eines gesunden Arbeitsumfelds können auch in diesem Kontext angewendet werden. Die Einbindung der Mitarbeiter*innen in den Veränderungsprozess ermöglicht es ihnen, einen aktiven Beitrag zu leisten und sich mit den neuen Methoden vertraut zu machen.

Schulungen und gezielte Ressourcenbereitstellung können Unsicherheiten mindern und das Vertrauen in die eigenen Fähigkeiten stärken. Die Führungskräfte sollten dabei nicht nur als Vermittler von Veränderungen agieren, sondern auch als Unterstützer ihrer Teams. Durch diese Maßnahmen schaffen sie ein Umfeld des Vertrauens, in dem die Skepsis abnimmt und der Erfolg der Veränderung greifbar wird.

Es kann natürlich sein, dass man als Führungskraft alle Mittel ausschöpft und es trotzdem noch Personen im Unternehmen gibt, die die Veränderung vehement ablehnen und mitunter andere verunsicherte Kolleginnen und Kollegen gegen den Change aufbringt. Zu diesen „No-Changern" können auch Personen aus der Führungsebene zählen, hier muss man besonders klar kommunizieren und sich im Bedarfsfall auch von der oder den Personen trennen (Zulehner, 2021).

Motivierender Ratschlag an Sie als Führungskraft: Nutzen Sie die bereits bewährten Lösungsansätze, um Skepsis aktiv zu bekämpfen, so können Sie nicht nur Unsicherheiten mindern, sondern auch das Vertrauen stärken und somit einen positiven Verlauf des Veränderungsprozesses fördern.

Frustration

Frustration im Kontext von Veränderungen resultiert nicht selten aus einer tief verwurzelten Unzufriedenheit der Beteiligten mit den bestehenden Führungspraktiken. Dieser Unmut bildet eine entscheidende Triebfeder für das Verlangen nach einer Neuausrichtung der Führungsansätze im Rahmen von Change Management. Die betroffenen Mitarbeiter*innen sehnen sich nach mehr Zufriedenheit, die durch die erfolgreiche Anwendung innovativer Leadership- und Change Management-Ansätze erzielt werden kann.

Die Frustration wird dabei häufig durch die Diskrepanz zwischen dem bisherigen Führungsstil und den Bedürfnissen der Belegschaft verstärkt. Traditionelle Hierarchien und autoritäre Entscheidungsstrukturen stoßen in dynamischen und sich wandelnden Arbeitsumgebungen zunehmend an ihre Grenzen. Dieser Widerspruch zwischen alten Praktiken und den Anforderungen moderner Arbeitswelten erzeugt Unzufriedenheit und kann den Veränderungsprozess erheblich beeinträchtigen.

Um dieser Frustration entgegenzuwirken, bedarf es einer tiefgreifenden Reflexion und Anpassung der Führungspraktiken. Die Einführung neuer Leadership-Ansätze, die auf Partizipation, Zusammenarbeit und Empathie basieren, kann einen bedeutenden Beitrag zur Steigerung der Mitarbeiterzufriedenheit leisten. Hierbei ist es wichtig, die Mitarbeiter*innen aktiv in den Veränderungsprozess einzubeziehen und ihre Meinungen sowie Bedenken ernst zu nehmen.

Gleichzeitig muss das Change Management einen klaren Fokus auf die Entwicklung einer positiven und unterstützenden Arbeitsumgebung legen. Dies beinhaltet nicht nur die

Implementierung neuer Technologien und Arbeitsmethoden, sondern auch die Schaffung eines Klimas, das Kreativität, Innovation und persönliches Wachstum fördert.

Die Führungskräfte spielen eine entscheidende Rolle in diesem Prozess. Es liegt in ihrer Verantwortung, ein Bewusstsein für die Bedürfnisse ihrer Mitarbeiter*innen zu entwickeln, transparent zu kommunizieren und eine offene Dialogkultur zu fördern. Durch die Anpassung der Führungspraktiken und die Schaffung einer positiven Arbeitsumgebung können Führungskräfte dazu beitragen, die Frustration zu minimieren und eine erfolgreiche Umsetzung von Veränderungen zu gewährleisten.

Ich möchte Sie motivieren die Frustration als Ansporn für positive Veränderungen zu nutzen. Durch die Implementierung moderner Leadership- und Change Management-Ansätze sowie die Schaffung einer unterstützenden Arbeitsumgebung können Sie nicht nur die Unzufriedenheit mindern, sondern auch einen nachhaltigen Beitrag zur Zufriedenheit und Produktivität Ihrer Mitarbeiter*innen leisten.

Selbstzweifel und fehlendes Selbstvertrauen

Fehlendes oder geringes Selbstvertrauen bei Führungskräften in kleinen und mittleren Unternehmen kann erhebliche Auswirkungen auf den Erfolg von Veränderungsprozessen haben, insbesondere im Kontext des Change Managements.

Eine zentrale Herausforderung liegt in der Entscheidungsfindung. Führungskräfte, die an ihrem Selbstvertrauen zweifeln, könnten Schwierigkeiten haben, klare und durchdachte Entscheidungen zu treffen.

Die Angst vor Fehlern oder Kritik kann zu Zögerlichkeit führen, wodurch wichtige Entscheidungen aufgeschoben werden und der Change-Prozess ins Stocken gerät. Mitarbeiter*innen bzw. Teammitglieder sind während einem Change sehr sensibel, sie merken das anhand nonverbaler Kommunikation sehr schnell (Zulehner, 2021).

Selbstvertrauen spielt auch eine Schlüsselrolle bei der Durchsetzung von Veränderungen. Führungskräfte müssen ihre Visionen und Strategien überzeugend präsentieren können, um das Team zu motivieren. Wenn jedoch das Selbstvertrauen fehlt, könnten Schwierigkeiten bei der Durchsetzung auftreten, was die Umsetzung von Veränderungen beeinträchtigen kann.

Eine weitere Herausforderung besteht in der Delegationsfähigkeit. Führungskräfte sollten in der Lage sein, Verantwortung zu delegieren und ihren Teammitgliedern zu vertrauen. Bei geringem Selbstvertrauen könnten Führungskräfte dazu neigen, Aufgaben nicht effektiv zu verteilen, was die Entwicklung des Teams behindert und den Change-Prozess verlangsamt.

Im Bereich des Konfliktmanagements wird die Bedeutung von Selbstvertrauen ebenfalls deutlich. Führungskräfte müssen in der Lage sein, Konflikte konstruktiv zu bewältigen. Geringes Selbstvertrauen könnte dazu führen, dass Konfrontationen vermieden werden, was zu ungelösten Problemen und einer stagnierenden Veränderungsdynamik führen kann.

Die Mitarbeitermotivation steht in direktem Zusammenhang mit dem Selbstvertrauen der Führungskraft. Ein Mangel an Selbstvertrauen kann auf das Team abfärben und dessen Motivation beeinträchtigen. Mitarbeiter*innen suchen oft Inspiration bei Führungskräften, die selbstbewusst auftreten und eine positive Ausstrahlung haben.

Die Förderung von Innovationen ist ein weiterer Aspekt. Selbstvertrauen ermöglicht es Führungskräften, innovative Ideen zu fördern und Risiken einzugehen. Bei geringem Selbstvertrauen könnte die Tendenz bestehen, sich an etablierte Methoden zu klammern, was den Anpassungsprozess an Veränderungen behindert.

Abschließend ist zu betonen, dass Selbstvertrauen in diesem Kontext nicht mit Überheblichkeit verwechselt werden darf. Authentizität spielt eine entscheidende Rolle. Ein gesundes Selbstvertrauen basiert auf realistischer Selbsteinschätzung und der Fähigkeit, konstruktives Feedback anzunehmen. Führungskräfte sollten bestrebt sein, ihre Authentizität und Selbstvertrauen zu stärken, um Veränderungsprozesse erfolgreich zu gestalten. Dies kann durch persönliche Entwicklung, gezieltes Coaching und die konsequente Arbeit an den Ursachen des geringen Selbstvertrauens erreicht werden.

Verunsicherung durch fehlende Fachkompetenz im Change Management

Die Verunsicherung durch fehlende Fachkompetenz im Change Management kann eine Vielzahl von Emotionen und Konsequenzen auslösen. Eine der ersten Reaktionen der am Change Beteiligten könnte Unsicherheit sein, da sie möglicherweise nicht verstehen, wie der Veränderungsprozess gestaltet wird oder welche Auswirkungen er auf sie haben wird. Dies kann zu Angst führen, insbesondere wenn die Unsicherheit mit Unklarheit über die Zukunft und die eigenen Rollen verbunden ist.

Die Führungskräfte selbst könnten Frustration und Überforderung erleben, da sie möglicherweise Schwierigkeiten haben, den Veränderungsprozess effektiv zu leiten, ohne das notwendige Fachwissen zu besitzen. Dies kann zu einem Mangel an Vertrauen seitens der Mitarbeiter*innen führen, da diese spüren könnten, dass die Führungskräfte nicht ausreichend vorbereitet sind, um den Wandel erfolgreich zu managen.

Eine Konsequenz, die sich daraus ergeben kann, ist Widerstand seitens der Belegschaft, begründet in Unsicherheit und dem Misstrauen gegenüber der Führung, was zu Ablehnung und möglicherweise auch zu einem Stillstand im Veränderungsprozess führen kann. Weiter könnten sich Mitarbeiter*innen abwenden, wenn sie das Gefühl haben, dass ihre Bedenken nicht ernst genommen werden oder, dass die Führungskräfte nicht die notwendige Kompetenz besitzen.

Ein weiterer Aspekt könnte eine negative Auswirkung auf die Unternehmenskultur haben, nämlich wenn Mitarbeiter*innen das Gefühl haben, dass die Führung nicht in der Lage ist, den Wandel erfolgreich zu gestalten. Dies kann zu einem Verlust von Motivation und Engagement führen. Eine schlechte

Unternehmenskultur kann sich langfristig auf die Leistung, die Mitarbeiterbindung und letztendlich auf den Erfolg des Unternehmens auswirken.

In Ihrer Position als Führungskraft sind Sie die treibende Kraft für positive Veränderungen. Stärken Sie Ihre Fachkompetenz im Change Management durch gezielte Fortbildungen und Schulungen, die nicht nur Sie, sondern auch Ihr Team voranbringen. Zögern Sie nicht, externe Expert*innen heranzuziehen – ihre spezifischen Einblicke können entscheidende Impulse setzen. Fördern Sie den Wissensaustausch innerhalb Ihres Teams, um eine interne Kompetenzbasis aufzubauen. Erinnern Sie sich daran: Jeder Schritt, den Sie unternehmen, um Ihr Verständnis zu vertiefen und eine offene Kommunikation zu pflegen, ebnet den Weg für erfolgreiches Change Management. Seien Sie mutig, investieren Sie in Ihre persönliche Entwicklung und inspirieren Sie Ihr Team durch Ihre proaktive Herangehensweise. Der Schlüssel zum Erfolg liegt in Ihrer Entschlossenheit und Ihrem Engagement für kontinuierliche Weiterentwicklung.

Angst vor mangelnder Anpassungsfähigkeit an die Dynamik des Marktes

Die Besorgnis, nicht ausreichend für die dynamischen Marktveränderungen gerüstet zu sein, kann verschiedene Emotionen hervorrufen. Individuen und Teams könnten von Unsicherheit geplagt sein, da sie befürchten, den steigenden Anforderungen nicht gewachsen zu sein. Dies kann zu einem Gefühl der Überforderung führen, da die Komplexität und Geschwindigkeit des Wandels als überwältigend wahrgenommen werden. Die Unsicherheit kann auch Skepsis und Widerstand hervorrufen, wenn Mitarbeiter*innen sich gegenüber den Veränderungen verschließen.

Auf individueller Ebene könnten Selbstzweifel aufkommen, da Mitarbeiter*innen möglicherweise ihre eigenen Fähigkeiten in Frage stellen, mit den neuen Anforderungen Schritt zu halten. Dies wiederum könnte zu einem Verlust an Motivation und Engagement führen, wenn am Change Beteiligte das Gefühl haben, dass ihre Bemühungen möglicherweise nicht ausreichen, um erfolgreich zu sein.

Teamweite Auswirkungen kann eine Abnahme der Zusammenarbeit und Teamarbeit sein, da Unsicherheit und Angst vor Veränderungen die Kommunikation beeinträchtigen. Mitarbeiter*innen könnten sich zurückziehen und isolierter arbeiten, anstatt Wissen und Ressourcen zu teilen.

Für das Unternehmen insgesamt könnten die Konsequenzen in Form von verpassten Chancen auf dem Markt auftreten. Eine unzureichende Anpassungsfähigkeit kann zu einer Abnahme der Wettbewerbsfähigkeit führen, was wiederum die langfristige Nachhaltigkeit des Unternehmens beeinträchtigt.

Erfolgreich mit Veränderungen umzugehen, erfordert ergo eine aktive Förderung einer Anpassungskultur. Teilen Sie offen die Notwendigkeit des Wandels mit, implementieren Sie klare Schulungs- und Entwicklungsprogramme und schaffen Sie eine unterstützende Umgebung, die Mitarbeiter*innen dazu ermutigt, sich den Marktveränderungen anzupassen. Legen Sie besonderen Wert auf kontinuierliches Lernen und Zeigen Sie Anerkennung für die Bemühungen. Durch diese Maßnahmen können Sie nicht nur die Angst vor mangelnder Anpassungsfähigkeit mildern, sondern auch ein Umfeld schaffen, in dem Veränderungen als positive Chancen wahrgenommen werden.

Furcht vor dem Scheitern, mangelndem Erfolg und Angst vor Existenz-Bedrohung

Die Furcht vor dem Scheitern, mangelndem Erfolg und der Angst vor Existenzbedrohung im Kontext von Change Management und erfolgreichem Leadership können eine Vielzahl von Emotionen und Konsequenzen auslösen. Betroffene können von starkem Stress, Unsicherheit und Angst geprägt sein. Dies führt zu einem Mangel an Motivation, niedrigem Selbstvertrauen und einem negativen Einfluss auf die Arbeitsmoral.

Die Sorge um die eigene Existenz führt sehr häufig zu einer Abwehrhaltung gegenüber Veränderungen, was die Anpassungsfähigkeit und die Bereitschaft zur Zusammenarbeit beeinträchtigt. Auf Führungsebene können diese Ängste zu Entscheidungszögerlichkeit und einem Fokus auf kurzfristigen Erfolg anstelle langfristiger, nachhaltiger Veränderungen führen. Ein Teufelskreis von Angst, Ineffektivität und Widerstand gegen Veränderungen entsteht, was letztendlich den Change-Prozess gefährdet. Es ist entscheidend, diese Ängste anzuerkennen, offen zu kommunizieren und unterstützende Maßnahmen zu ergreifen, um ein positives und konstruktives Umfeld zu schaffen, das die Beteiligten ermutigt, Ängste zu überwinden und gemeinsam den Veränderungsprozess zu gestalten.

In der Herausforderung des Wandels ist es wichtig, den Weg mit klugen Entscheidungen zu gestalten. Führen Sie eine sorgfältige Analyse des Kosten-Nutzen-Faktors durch und behalten Sie stets den finanziellen Überblick. Betonen Sie nicht nur die Ergebnisse, sondern auch die Lernprozesse, die aus jedem Schritt gewonnen werden. Schaffen Sie eine Kultur, die Fehler als Teil des Prozesses akzeptiert und Anpassungen fördert. Wenn Misserfolge auftreten, suchen Sie externe Unterstützung durch Coaching von Expert*innen, um die Herausforderungen erfolgreich zu bewältigen.

Setzen Sie klare Ziele und messen Sie regelmäßig den Fortschritt. Entwickeln Sie Notfallpläne und alternative Strategien, um flexibel auf unvorhergesehene Situationen zu reagieren. Fördern Sie teamorientierte Ansätze, damit jeder Erfolg gemeinsam gefeiert werden kann. Der Weg des Wandels mag mit Unsicherheiten und Herausforderungen gespickt sein, aber jeder Schritt, jeder Fehler und jede Anpassung bringt Sie näher zum Erfolg. Seien Sie mutig, lernen Sie aus jedem Schritt, und sehen Sie in Veränderungen nicht nur Hindernisse, sondern auch Chancen für Wachstum und Weiterentwicklung.

14. Der Big Dream von Change Management Beauftragten

Basierend auf den bisherigen Erkenntnissen folgen nun zwei fiktive, jedoch sehr realitätsnahe Szenarien.

Franziska M., eine Führungskraft im Wandel

Franziska M., 38 Jahre alt, ist eine engagierte Geschäftsführerin eines mittelständischen Unternehmens, die vor der Herausforderung steht, ihr Unternehmen durch einen umfassenden Veränderungsprozess zu führen. Ihr Beruf erfordert nicht nur unternehmerisches Denken, sondern auch emotionale Intelligenz, um die bestehende Führungskultur zu transformieren und den dynamischen Anforderungen des Marktes gerecht zu werden.

Franziska hat diverse Bedenken im Zusammenhang mit der Veränderung ihres Unternehmens. Aufkommende Überforderung belastet sie sehr, diese entspringt der Sorge, den Anforderungen des Veränderungsprozesses nicht gewachsen zu sein. Ihre Unsicherheit darüber, ob die gewählten Maßnahmen zum Erfolg führen werden, verstärken den emotionalen Druck und nähren die Furcht vor dem Scheitern. Der Druck, den Veränderungsprozess erfolgreich gestalten zu müssen, lastet schwer auf ihren Schultern und ist begleitet von der Furcht vor den möglichen Konsequenzen eines Misserfolgs.

Für Franziska wäre ein Scheitern der Transformation gleichbedeutend mit der Bestätigung ihrer Ängste und dem Verlust ihres Selbstwertgefühls. Sie will auf keinen Fall versäumen, angemessen auf die Anforderungen des Veränderungsprozesses zu reagieren und sie macht sich Gedanken, ob sie vielleicht die Komplexität der Aufgabe unterschätzt hat. Die Unsicherheit über die Erfolgswahrscheinlichkeit führt sie darauf zurück, dass sie die Risiken eventuell nicht ausreichend abgewogen hat. Sie hat Angst, dass die erhofften Ergebnisse ausbleiben.

Franziska ist sich bewusst, dass sie bei einem möglichen

Scheitern der Transformation, die Konsequenzen ihrer fehlgeleiteten Führung und ihrer unzureichenden Vorbereitung tragen müsste. Sie nutzt diese Gedanken und Befürchtungen, um ihre Herangehensweise zu überdenken, fehlende Ressourcen zu identifizieren und eine klarere Vision für den Veränderungsprozess zu entwickeln. Eventuelle negative Konsequenzen spornen jedoch Franziska noch mehr an, ihre Ängste zu überwinden und alles in ihrer Macht Stehende zu tun, um die Transformation erfolgreich zu gestalten.

Ihr Ziel ist klar definiert: Franziska strebt danach, eine transformative Führungskultur zu etablieren, die das Unternehmen agiler und zukunftsfähig macht. In dieser Vision möchte sie eine positive Arbeitsumgebung schaffen, in der Teammitglieder motiviert sind und gemeinsam den Wandel gestalten. Die Verbindung zu ihren Emotionen im Zusammenhang mit diesem Ziel ist entscheidend. Die Zuversicht, dass die Veränderungen positiv sein werden, erfüllt sie mit Vorfreude. Die Vorstellung, dass die Veränderungen zu spürbarem Erfolg führen, verleiht ihr ein Erfolgserlebnis. Die Aussicht auf Zufriedenheit durch die erfolgreiche Umsetzung der Veränderungen motiviert Franziska zusätzlich.

Warum dieses Ziel? Franziska möchte nicht nur ihre eigene Führungsfähigkeit stärken, sondern auch eine inspirierende Arbeitsumgebung schaffen. Sie strebt nach einem Umfeld, das von positiven Emotionen, Teamzufriedenheit und Anerkennung geprägt ist. Die Transformation, die sie anstrebt, geht über die rein geschäftlichen Aspekte hinaus. Es geht um die Schaffung einer nachhaltigen Verbesserung der Unternehmenskultur und eine Steigerung der Wettbewerbsfähigkeit durch menschenzentrierte Führung.

Angesichts der Komplexität des Veränderungsprozesses hat sich Franziska entschieden, aktiv in ihre eigene Weiterentwicklung zu investieren. Sie plant, sich fachlich weiterzubilden, um ein tiefergehendes Verständnis für transformative Führung und Change Management zu erlangen. Durch diese Investition in ihre Fähigkeiten als Führungskraft beabsichtigt sie, besser gerüstet zu sein, um die bevorstehenden Herausforderungen erfolgreich zu bewältigen.

Darüber hinaus hat Franziska erkannt, dass externe Unterstützung einen entscheidenden Beitrag zu ihrem Erfolg leisten kann. Sie plant, ein externes Coaching von Expert*innen in Anspruch zu nehmen, um individuelle Perspektiven, Rat und spezialisiertes Wissen zu erhalten. Diese strategische Entscheidung unterstreicht ihre Entschlossenheit, das angestrebte Ziel zu erreichen, und zeigt ihre Bereitschaft, verschiedene Ressourcen zu nutzen, um sicherzustellen, dass die Veränderungen effektiv und nachhaltig umgesetzt werden.

Franziskas proaktiver Ansatz zur eigenen Weiterentwicklung und die Integration externer Expertise sind Schlüsselfaktoren, die ihre Vision von einer transformierten Führungskultur unterstützen und die Wahrscheinlichkeit erhöhen, dass ihre Ziele erreicht werden.

Franziska M. ist eine lebensnahe Führungskraft, die nicht nur unternehmerische Herausforderungen bewältigt, sondern auch die emotionalen Dimensionen des Wandels versteht und navigiert. In ihr spiegelt sich die komplexe Realität von Führungspersönlichkeiten wider, die nicht nur strategisch denken, sondern auch mit Emotionen umgehen müssen, um erfolgreiche Veränderungen zu gestalten.

Führungswechsel: Der generationsübergreifende Wandel in der Unternehmensführung

Die bevorstehende Übertragung der Führung des KMU von Hannes T. auf seine Tochter Brigitte birgt eine notwendige Transformation des Führungsstils. Hannes, der von Kreativität und Innovation geprägt ist und der mehr als erfolgreich einen Top-Down-Führungsstil praktiziert hat, wird eine Übergangsphase gestalten müssen, um einen reibungslosen Generationswechsel zu ermöglichen. Der Wechsel von einem etablierten Eigentümer zu einer neuen, jüngeren Führungsperson erfordert eine Anpassung der Führungsphilosophie und -praktiken, um den Veränderungen in der Unternehmensdynamik und den Erwartungen der Belegschaft gerecht zu werden.

Brigitte, als Vertreterin der jüngeren Generation, ebenfalls kreativ und innovativ, strebt nach einer Führungskultur, die auf transparenter Kommunikation, partizipativen Entscheidungen und individuellen Entwicklungsmöglichkeiten basiert. Die Herausforderung wird darin bestehen, die bestehenden Unsicherheiten und Frustrationen, die sie in der Vergangenheit erlebt hat, zu überwinden und eine positive Veränderung herbeizuführen. Das Verhältnis zwischen Vater und Tochter könnte von unterschiedlichen Perspektiven und Erwartungen geprägt sein, was zusätzliche Kommunikations- und Anpassungsherausforderungen mit sich bringen kann.

Es ist zu erwarten, dass die Umstellung des Führungsstils und die Übertragung der Verantwortung auf eine neue Generation mit gewissen Reibungen und Unsicherheiten verbunden sein werden. Hannes wird die Fähigkeit benötigen, seinen etablierten Stil zu reflektieren und sich auf die Bedürfnisse einer moderneren, von Brigitte repräsentierten Führungsgeneration einzustellen. Brigitte wird ihrerseits in der Lage sein müssen, ihre Ziele und Erwartungen klar zu kommunizieren und eine ausgewogene Balance zwischen Tradition und Innovation zu finden. Eine offene, respektvolle Kommunikation und ein gemeinsames Verständnis für die Herausforderungen des Generationenwechsels werden entscheidend sein, um eine erfolgreiche Transformation der Führung im Unternehmen zu gewährleisten.

Die Reaktionen der Mitarbeiter*innen auf den Führungswechsel von Hannes zu Brigitte können vielfältig sein. Einige könnten mit Freude und Begeisterung auf Brigitte reagieren, vor allem, wenn sie innovative Ideen und positive Veränderungen von der neuen Führungsperson erwarten. Andererseits könnten Unsicherheit und Skepsis auftreten, insbesondere wenn Menschen nicht genau wissen, welche Veränderungen bevorstehen und wie sich diese auf ihre Arbeit auswirken werden. Eine neutrale oder abwartende Haltung der Belegschaft ist ebenso möglich, Mitarbeiter*innen beobachten, wie sich Brigitte im Unternehmen positioniert und welche Veränderungen sie einführen wird.

Gleichzeitig könnten einige Personen Widerstand und Ablehnung zeigen, besonders wenn sie mit Hannes' bisheriger Führung gut zurechtkamen und den Wechsel als Bedrohung für ihre gewohnte Arbeitsweise empfinden. Auf der anderen Seite könnten andere auch Hoffnung und Erwartung hegen, dass der Führungswechsel positive Veränderungen und Verbesserungen im Unternehmen mit sich bringt.

Es ist wichtig zu betonen, dass individuelle Reaktionen stark variieren können, und verschiedene Emotionen in unterschiedlichem Maße im Spiel sein können. Der Erfolg des Führungswechsels hängt oft davon ab, wie Brigitte mit diesen unterschiedlichen Reaktionen umgeht und bemüht ist, ein positives und unterstützendes Arbeitsumfeld zu schaffen.

Um seine Tochter Brigitte als neue Chefin zu unterstützen und die Akzeptanz der Belegschaft zu fördern, sollte Hannes verschiedene Schritte unternehmen. Er könnte öffentlich seine volle Unterstützung für Brigitte bekunden und dabei seine Überzeugung von ihren Fähigkeiten und Ideen teilen. Indem er sie aktiv in Entscheidungsprozesse einbindet und ihre Meinung in geschäftliche Angelegenheiten einfließen lässt, zeigt er den Mitarbeitern, dass sie nicht nur formal, sondern auch inhaltlich die Verantwortung übernimmt.

Klare Kommunikation ist entscheidend, um Unsicherheiten abzubauen. Hannes sollte sicherstellen, dass alle über die Gründe für den Führungswechsel und die erwarteten Veränderungen im Unternehmen informiert sind. Um mögliche Streitigkeiten aufgrund der emotionalen Nähe zu vermeiden, ist es wichtig, klare Grenzen zwischen Familienangelegenheiten und geschäftlichen Angelegenheiten zu ziehen. Ein professionelles Verhalten am Arbeitsplatz ist entscheidend.

Hannes kann auch dazu beitragen, den Teamgeist zu stärken, indem er betont, dass die Zusammenarbeit und Unterstützung unter den Mitarbeiter*innen und Führungskräften weiterhin wichtig sind. Das Hervorheben von Gemeinsamkeiten und geteilten Zielen kann zu einer positiven Unternehmenskultur beitragen. Zusätzlich sollte er gezielt Feedbackgespräche initiieren, um mögliche Bedenken und Meinungen der Belegschaft zu erfahren. Dies ermöglicht es Hannes, auf mögliche Anliegen einzugehen und gegebenenfalls Anpassungen vorzunehmen. Durch diese Maßnahmen kann Hannes dazu beitragen, einen reibungslosen Übergang zu erleichtern, das Vertrauen der Mitarbeiter*innen in Brigitte zu stärken und potenzielle Konflikte aufgrund der familiären Beziehung zu minimieren.

Um die Akzeptanz als neue Chefin zu gewinnen und gleichzeitig ihren Vater Hannes zu unterstützen, sollte Brigitte auf verschiedene Aspekte achten. Zunächst einmal ist es wichtig, dass sie Respekt und Wertschätzung gegenüber ihrem

Vater zeigt. Eine offene und ehrliche Kommunikation über ihre Visionen und Pläne für das Unternehmen, die auf den erfolgreichen Praktiken ihres Vaters aufbauen, kann dazu beitragen, eventuelle Unsicherheiten zu mildern.

Brigitte sollte darauf achten, eine klare Linie zwischen familiären Beziehungen und geschäftlichen Angelegenheiten zu ziehen. Dies kann durch die Festlegung klarer Rollen und Verantwortlichkeiten geschehen. Indem sie transparent über ihre Erwartungen und Entscheidungsprozesse kommuniziert, schafft sie eine professionelle Arbeitsumgebung.

Um ihren Vater einzubeziehen und sein Fachwissen zu nutzen, kann Brigitte gezielt nach seiner Meinung und Ratschlägen fragen. Dies zeigt nicht nur Respekt vor seiner Erfahrung, sondern integriert auch wertvolles Wissen in ihre Führung. Gleichzeitig sollte sie jedoch deutlich machen, dass sie ihre eigene Führungsidentität entwickeln möchte.

In Bezug auf die Belegschaft ist es wichtig, dass Brigitte eine positive und offene Haltung zeigt. Sie kann durch Teamarbeit und Zusammenarbeit mit den bestehenden Mitarbeiter*innen das Vertrauen stärken. Klare Kommunikation über ihre Ziele und Pläne, gepaart mit einer empathischen Führung, kann dazu beitragen, eine positive Unternehmenskultur zu fördern.

Feedbackmechanismen einzurichten, um die Meinungen und Anliegen der anderen zu hören, ist ein weiterer wichtiger Schritt. Indem sie offen für Rückmeldungen ist und gegebenenfalls Anpassungen vornimmt, zeigt Brigitte, dass sie die Bedürfnisse und Perspektiven ihrer Mitarbeiter*innen ernst nimmt.

Durch einen ausgewogenen Ansatz, der Respekt für die Vergangenheit zeigt, klare Grenzen setzt und gleichzeitig eine visionäre Führung für die Zukunft bietet, kann Brigitte sowohl die Beziehung zu ihrem Vater pflegen als auch von den Mitarbeiter*innen als neue Chefin akzeptiert und respektiert werden.

IV. CONCLUSIO

15. Wie muss Leadership gestaltet sein, um den Herausforderungen des Change Managements gerecht zu werden?

Liebe Führungskräfte von KMU und all jene, die es werden wollen,

der Weg zu erfolgreichen Veränderungen in kleinen und mittleren Unternehmen ist geprägt von der bedeutenden Rolle des Leadership im Change Management. Die Expert*innen, die zu Wort kamen, unterstreichen ebenfalls einstimmig die zentrale Bedeutung der Führungsebene bei der Initiierung und Umsetzung von Veränderungen. Die Verantwortung für die erfolgreiche Transformation liegt dabei in Ihren Händen.

Ihr Leadership ist entscheidend, sei es im Umgang mit sich wandelnden Märkten, bei der klaren Definition von Zielen und der Entwicklung von Strategien zur Umsetzung von Veränderungen, oder durch die wirkungsvolle Kommunikation und Einbindung Ihrer Mitarbeiter*innen. Die Vernachlässigung dieser und mehr Schlüsselfaktoren kann den Erfolg Ihrer Change-Prozesse gefährden.

Die Ergebnisse zeigen auch, dass Sie als Führungskräfte in KMU eine hohe soziale und fachliche Kompetenz benötigen, um Change-Prozesse erfolgreich umzusetzen. Sie sind gefordert, Ihre Teams zu Höchstleistungen zu motivieren und dabei dafür zu sorgen, dass sie die Leidenschaft für Ihre Visionen teilen.

Insgesamt wird klar, dass Leadership in KMU facettenreich ist und sich je nach Unternehmenskultur sowie situativen Anforderungen unterschiedlich gestaltet. Ihre Begeisterung, Ihre Anpassungsfähigkeit und die Einbeziehung Ihrer Belegschaft sind entscheidend für den Erfolg von Change-Prozessen in Ihren Unternehmen.

Seien Sie stolz auf Ihre Rolle als Gestalter des Wandels! Ihre Fähigkeiten zur Anpassung und Ihre Hingabe sind der Schlüssel zu einer erfolgreichen Transformation. Mutig voranzuschreiten und Ihr Teams dabei mitzunehmen, wird nicht nur Ihre Unternehmen stärken, sondern auch positive Veränderungen im Leben Ihrer Mitarbeiter*innen bewirken.

Sie sind die Architekten Ihres eigenen Wandels – gestaltet Sie ihn mit Zuversicht, Mut und inspirierender Führung, darum lade ich Sie nun ein, den Fokus auf Sie als individuelle Gestalter zu legen.

Es ist an der Zeit, einen Schritt zurückzutreten und Ihre eigenen Stärken, Herausforderungen und Ziele zu betrachten. Wir werden gemeinsam einen Weg entwickeln, der maßgeschneidert auf Ihre Bedürfnisse und die Ihres Unternehmens zugeschnitten ist. Lassen Sie uns diesen Weg gemeinsam erkunden und Ihre Leadership-Reise zu nachhaltigem Erfolg beginnen.

Im nächsten Kapitel geht es darum, Ihr Wissen zu reflektieren und Ihre persönliche Roadmap für den Erfolg zu entwerfen.

16. Roadmap zu Ihrem Erfolg

während des gesamten Prozesses Kommunikation und Commitment + kontinuierliche Motivation

Partizipative Strategieentwicklung

Gemeinsame Analyse

Frühzeitige Identifizierung

Selbstführung

Interdisziplinäres Team

Agile Anpassung

Erfolgssichtbarkeit

Nachhaltige Evaluierung

1
2
3
4
5
6
7
8

START

ZIEL

Abbildung 5, Roadmap zum Erfolg.

Eine Roadmap für Veränderungsprozesse ist wie ein kraftvolles Navigationsinstrument, das Ihnen nicht nur den Weg weist, sondern auch das Steuer in die Hand gibt. Mit klaren Zielen und einem gemeinsamen Verständnis schafft sie die Grundlage für einen erfolgreichen Wandel. Die Roadmap minimiert Risiken, fördert eine effiziente Kommunikation und gibt Ihnen die Kontrolle über den Fortschritt. Denken Sie daran, dass Transformation nicht nur eine Reise ist, sondern auch eine Quelle der Inspiration. Neben den folgenden Fragen lassen Sie auch Ihre eigenen Gedanken aus den vorherigen Kapiteln des Buches in diese Reise einfließen. Notieren Sie sich Ihre Fragen unbedingt. Sie können mitunter der Schlüssel zu einer maßgeschneiderten Lösung sein.

Jetzt lassen Sie uns gemeinsam in die Tiefe gehen, einen Blick auf meine Auswahl von Fragen werfen und herausfinden, wie Sie Ihren Veränderungsprozess weiter vorantreiben können.

1. Frühzeitige Identifizierung:

a) Wie gewährleisten wir eine kontinuierliche und effektive Marktanalyse, um Veränderungsbedarfe frühzeitig zu erkennen?

b) Welche Veränderungen im Unternehmen, oder auch am Geschäftsmodell sind möglich und erfolgversprechend?

c) Inwiefern sind wir auf externe Expertise angewiesen, um eine präzise Analyse durchzuführen?

d) Wie können wir sicherstellen, dass die erkannten Veränderungspotenziale strategisch in unseren Planungsprozess integriert werden?

2. Gemeinsame Analyse:

a) Wie schaffen wir es, die richtigen Schlüsselpersonen aus verschiedenen Unternehmensbereichen aktiv einzubinden?

b) Welche bewährten Methoden existieren, um eine effektive Zusammenarbeit bei der Analyse und einer offenen Diskussion sicherzustellen?

c) Wie gehen wir mit unterschiedlichen Meinungen und Perspektiven während der gemeinsamen Analyse um?

d) Welche Maßnahmen können ergriffen werden, um sicherzustellen, dass die Analyseergebnisse umfassend und zuverlässig sind?

3. Interdisziplinäres Team:

a) Wie wählen wir die Mitglieder des interdisziplinären Teams aus und stellen sicher, dass alle Abteilungen angemessen vertreten sind?

b) Welche Herausforderungen könnten bei der Integration verschiedener Perspektiven auftreten?

c) Wie fördern wir die Zusammenarbeit und den Austausch zwischen den Teammitgliedern?

d) Welche Rolle spielt die Führungsebene bei der Unterstützung und Stärkung des interdisziplinären Teams?

4. Partizipative Strategieentwicklung:

a) Wie können wir sicherstellen, dass alle relevanten Stakeholder aktiv in den Prozess einbezogen werden?

b) Welche Methoden setzen wir ein, um eine offene und konstruktive Kommunikation aller Beteiligten zu fördern?

c) Wie gehen wir mit unterschiedlichen Interessen und Prioritäten um, um eine einvernehmliche Strategie zu entwickeln und garantieren dabei einen respektvollen Dialog?

d) Inwiefern sind wir bereit, die Strategie basierend auf dem Feedback der Beteiligten anzupassen?

5. Selbstführung:

a) Wie können wir Selbstführung in unseren Teams fördern

und stärken?

b) Welche konkreten Maßnahmen können ergriffen werden, um eigenverantwortliche Teams zu etablieren?

c) Wie gehen wir mit möglichen Widerständen um?

d) Wie können Führungskräfte die Entwicklung von Selbstführung aktiv vorantreiben?

6. Agile Anpassung:

a) Welche Mechanismen haben wir implementiert, um agil auf Feedback und Veränderungen zu reagieren?

b) Wie fördern wir eine Kultur der kontinuierlichen Verbesserung und Anpassung sowie einer konstruktiven Feedbackschleife?

c) Inwiefern sind wir bereit, bestehende Pläne und Strategien flexibel anzupassen?

d) Wie bewerten wir den Erfolg unserer agilen Anpassungsstrategien?

7. Erfolgssichtbarkeit:

a) Welche Key Performance Indicators (KPIs) setzen wir ein, um den Erfolg von Veränderungsmaßnahmen zu messen?

b) Wie kommunizieren wir Erfolge transparent und motivierend an die gesamte Belegschaft?

c) Inwiefern können individuelle Erfolge zu einer positiven Gesamterfahrung beitragen?

d) Wie gehen wir mit möglichen Misserfolgen und Fehlern um?

8. Nachhaltige Evaluierung:

a) Wie gewährleisten wir eine kontinuierliche Nachbearbeitung von Veränderungsprozessen?

b) Welche Mechanismen haben wir implementiert, damit laufend Verbesserungen identifiziert werden können?

c) Inwiefern sind wir bereit, auch unpopuläre Entscheidungen im Zuge der Evaluierung zu treffen?

d) Welche Rolle spielt die Offenheit für konstruktive Kritik in der nachhaltigen Evaluierung?

e) Wie fördern wir eine Kultur des Lernens und der Weiterentwicklung?

Begleitend bei allen Schritten:

Kommunikation und Commitment:

a) Wie stellen wir sicher, dass die Kommunikation transparent und kontinuierlich erfolgt?

b) Welche Feedbackschleifen sind entscheidend, um nachhaltiges Commitment zu gewährleisten?

c) Inwiefern werden Entscheidungen kommuniziert, um Vertrauen und Commitment zu stärken?

d) Wie gehen wir mit möglichen Missverständnissen oder Unsicherheiten in der Belegschaft um?

e) Welche Maßnahmen ergreifen wir, um die Kommunikation auf allen Ebenen zu verbessern?

Kontinuierliche Motivation:

a) Wie stellen wir sicher, dass die Motivation aller Beteiligten aufrechterhalten bleibt?

b) Welche Anerkennungs- und Belohnungssysteme setzen wir ein, um Motivation zu fördern?

c) Inwiefern sind Führungskräfte aktiv in die Motivationsförderung eingebunden?

d) Welche Rolle spielt die Wertschätzung bei der nachhaltigen Motivation der Teams?

Diese Fragen und all jene die Sie eventuell noch notiert haben dienen als Leitfaden, um die Schlüsselaspekte im Kontext von Veränderungsprozessen zu beleuchten und eine effektive Umsetzung zu gewährleisten.

Zum einen finden Sie die Antworten in diesem Buch und zum anderen, wenn sie Ihr Unternehmen kritisch betrachten und durchleuchten. Eine holistische Betrachtungsweise kann hier enorm helfen. Nehmen Sie Ihre Buchhaltungsabteilung, Ihr Controlling oder Ihre Steuerberatungskanzlei mit ins Boot. Eine zahlentechnische Begleitung und eine ehrliche Beurteilung des Kosten-Nutzen Faktors sind unerlässlich. Natürliche stehe auch ich Ihnen gerne mit Rat und Tat zur Seite.

17. Bereit, Ihr Unternehmen zu revolutionieren und den Wandel anzuführen?

Als Ihr Transformations- und Führungskräftecoach stehe ich bereit, Sie auf jedem Schritt Ihrer Veränderungsreise zu begleiten. Holen Sie jetzt das Beste für sich und Ihr Unternehmen heraus, denn der Schlüssel zu Ihrer Transformation liegt in Ihren Händen!

Durch den Erwerb meines Buches haben Sie zwei exklusive Chancen erworben.

Buch Bonus 1

Verpassen Sie nicht die Gelegenheit, Ihr Unternehmen auf das nächste Level zu heben.

Kontaktieren Sie mich jetzt

https://www.change2xpert.at/kontakt.html

für einen kostenlosen Telefon- oder Videoanruf, in dem Sie mir alle Fragen stellen können, die Sie bewegen.

Buch Bonus 2

Exklusiv für Sie als Leser*in meines Buches gibt es einen weiteren unschlagbaren Bonus! Sichern Sie sich jetzt Ihr persönliches 3-teiliges Video-Coaching und profitieren Sie von:

1. Vertiefung des Wissens: Erhalten Sie zusätzliche Einblicke und vertiefen Sie Ihr Verständnis für die erfolgreiche Umsetzung von Veränderungen.

2. Praktische Anwendung: Nutzen Sie praxisnahe Tipps und

Anleitungen aus den Videos, um Ihr neu gewonnenes Wissen direkt in Ihrem beruflichen Umfeld umzusetzen.

3. Persönliche Betreuung: Erfahren Sie exklusive Ratschläge und Empfehlungen in einem individuellen Rahmen, der auf Ihre spezifischen Bedürfnisse eingeht.

Nutzen Sie diese wertvolle Ressource, um Ihre Transformationskompetenzen weiter zu stärken und Spitzenleistungen zu erreichen.

50% Bonus Sichern

Kontaktieren Sie mich jetzt

https://www.change2xpert.at/kontakt.html

Ihr Erfolg wartet nicht, also lassen Sie uns gemeinsam den Weg zur Spitze einschlagen!

18. Literaturverzeichnis

Ackermann, J., Müller, M., & Dickebohm, N. (2013). Nachhaltigkeit in Unternehmen - Konzepte zur Umsetzung. In A. Baumast, & J. Pape (Hrsg.), *Betriebliches Nachhaltigkeitsmanagement* (1 Ausg.). [Kindle-Version]: Eugen Ulmer Stuttgart. Von https://www.amazon.de/gp/product/B00HPRN9G8/ref=ppx_yo_dt_b_d_asin_title_o03?ie=UTF8&psc=10 abgerufen

Anonym. (2018). *Change Management. Grundlegende Modelle und Instrumente der Managementtheorie.* GRIN Verlag.

Anonym. (27. 01 2024). Online versus Präsenz. (U. Schibl, Interviewer) Korneuburg.

Ates, A., & Bititci, U. (15. September 2011). Change process: a key enabler for building resilient SMEs. *International Journal of Production Research, 49*(18). doi:10.1080/00207543.2011.563825

Bartscher, T., & Nissen, R. (2018). *Fachkompetenz.* Abgerufen am 13. Oktober 2020 von Gabler Wirtschaftslexikon Das Wissen der Experten.: https://wirtschaftslexikon.gabler.de/definition/fachkompetenz-35751/version-259226

Bartscher, T., & Nissen, R. (2018). *Weg-Ziel-Ansatz der Führung.* Abgerufen am 3. Oktober 2020 von Gabler Wirtschaftslexikon Das Wissen der Experten.: https://wirtschaftslexikon.gabler.de/definition/weg-ziel-ansatz-der-fuehrung-48055/version-271313

Bass, B., & Avolio, B. (1993). TRANSFORMATIONAL LEADERSHIP AND ORGANIZATIONAL CULTURE. *Public Administration Quarterly, 17*(1). Abgerufen am 14. März 2021 von https://www.jstor.org/stable/40862298

Bauer, A. (2018). Leadership Statements der Beitragsautoren. In C. von Au (Hrsg.), *Anreizsysteme für Leadership-Organisationen Employer Branding und Anreizsysteme der Next Practice*. Springer Fachmedien Wiesbaden GmbH.

Baumast, A., & Pape, J. (2013). Vorwort. In A. Baumast, & J. Pape (Hrsg.), *Betriebliches Nachhaltigkeitsmanagement* (1 Ausg.). [Kindle Ausgabe]: Eugen Ulmer Stuttgart. Von https://www.amazon.de/gp/product/B00HPRN9G8/ref=ppx_yo_dt_b_d_asin_title_o03?ie=UTF8&psc=10 abgerufen

Bornemann, S. (2014). *Ansätze für Veränderungen*. (lead & conduct ! – GmbH) Abgerufen am 14. Oktober 2020 von lead-conduct.de: https://lead-conduct.de/2014/05/21/ansaetze-fuer-veraenderungen/

Bruton, J. (2019). Flexible Führung und Integrität. *Zeitschrift für Wirtschafts- und Unternehmensethik - Journal for Business, Economics & Ethics, 20*(1). doi:10.5771/1439-880X-2019-1-76

Bundesministerium für Arbeit und Wirtschaft. (2023). *KMU-Datenblatt Österreich*. Abgerufen am 2. Februar 2024 von https://www.bmaw.gv.at/Services/Publikationen/KMU-Datenblatt-%C3%96sterreich.html

Bundesministerium für Digitalisierung und Wirtschaftsstandort [BMDW]. (2020). *www.bmdw.gv.at*. (Bundesministerium für Digitalisierung und Wirtschaftsstandort) Abgerufen am 5. November 2020 von KMU im Fokus 2020: https://www.bmdw.gv.at/Themen/Wirtschaftsstandort-Oesterreich/KMU/KMU-im-Fokus.html

Burnes, B. (2015). Understanding Resistance to Change – Building on Coch and French. *Journal of Change Management, 15*(2). Abgerufen am 2. November 2020 von https://doi.org/10.1080/14697017.2014.969755

Der Mittelstand, BVMW e.V. (2021). *Der Mittelstand.*

(BVMW - Bundesverband mittelständische Wirtschaft, & Unternehmerverband Deutschlands e.V., Herausgeber) Abgerufen am 23. Juli 2021 von Der Mittelstand ist Garant für Stabilität und Fortschritt: https://www.bvmw.de/themen/mittelstand/zahlen-fakten/

Dierkes, M.-J. (2018). Leadership Statements der Beitragsautoren. In C. von Au (Hrsg.), *Anreizsysteme für Leadership-Organisationen Employer Branding und Anreizsysteme der Next Practice*. Springer Fachmedien Wiesbaden GmbH.

Doppler, K. (2017). Führen in Zeiten permanenter Veränderungen. In C. von Au (Hrsg.), *Führung im Zeitalter von Veränderung und Diversity Innovationen, Change, Merger, Vielfalt*. Springer Fachmedien Wiesbaden GmbH.

Dunphy, D., & Stace, D. (1. August 1993). The Strategic Management of Corporate Change. *Human Relations, 46*(8), S. 905-920. doi:10.1177/001872679304600801

employer-marketing.com. (2024). Abgerufen am 2. Februar 2024 von Die 5 größten Herausforderungen für KMU im Jahr 2023: https://www.employer-marketing.com/die-5-groessten-herausforderungen-fuer-kmu-im-jahr-2023/

European Commission. (27. Juni 2023). Abgerufen am 3. Dezember 2023 von https://single-market-economy.ec.europa.eu: https://single-market-economy.ec.europa.eu/smes/sme-strategy/sme-performance-review_en#modal

Fittkau, K.-H. (2019). Wirkung von Führungsverhalten auf die Leistungsbereitschaft und Zufriedenheit von Mitarbeitern in Behörden mit konfliktbehaftetem Bürgerumgang. *VM Verwaltung & Management, 25*(2), 74-82. Von https://doi.org/10.5771/0947-9856-2019-2-74 abgerufen

Fritz, M. (2018). Leadership Statements der Beitragsautoren. In C. von Au (Hrsg.), *Anreizsysteme für Leadership-Organisationen Employer Branding und Anreizsysteme der*

Next Practice. Springer Fachmedien Wiesbaden GmbH.

Fromm, B. (2017). Führung aus Kraft der Liebe: Eine neue Haltung etabliert Inspiration und Wertschätzung in der Führung. In C. von Au, *Eigenschaften und Kompetenzen von Führungspersönlichkeiten.* Springer Fachmedien Wiesbaden GmbH.

Gamma, A. (2016). Von der Kunst, sich selbst und andere zu führen. In C. von Au, *Wirksame und nachhaltige Führungsansätze.* Springer Fachmedien Wiesbaden GmbH.

Garbers, Y. (2018). Leadership Statements der Beitragsautoren. In C. von Au (Hrsg.), *Anreizsysteme für Leadership-Organisationen Employer Branding und Anreizsysteme der Next Practice.* Springer Fachmedien Wiesbaden GmbH.

gruenderszene.de. (2019). *Generation Y.* Abgerufen am 24. November 2020 von Gründerszene Lexikon: https://www.gruenderszene.de/lexikon/begriffe/generation-y

gründerszene.de. (2019). *Generation Z.* Abgerufen am 24. November 2020 von Gründerszene Lexikon: https://www.gruenderszene.de/lexikon/begriffe/generation-z

Günther, E. (2018). *co2 Fussabdruck.* Abgerufen am 3. Oktober 2020 von Gabler Wirtschaftslexikon Das Wissen der Experten.: https://wirtschaftslexikon.gabler.de/definition/co2-fussabdruck-52300/version-275440

Heitger, B., & Doujak, A. (2002). *Harte Schnitte Neues Wachstum. Die Logik der Gefühle und die Macht der Zahlen im Change Management - Das Konzept der unbalanced transformation* (1 Ausg.). REDLINE WIRTSCHAFT bei ueberreuter.

Hendriks, M., Burger, M., Rijsenbilt, A., Pleeging, E., & Commandeur, H. (2020). Virtuous leadership: a source of employee well-being and trust. *Emerald Publishing Limited, 43*(8). doi:10.1108/MRR-07-2019-0326

Henken, M. (2018). Leadership Statements der Beitragsautoren. In C. von Au (Hrsg.), *Anreizsysteme für Leadership-*

Organisationen Employer Branding und Anreizsysteme der Next Practice. Springer Fachmedien Wiesbaden GmbH.

Hinterhuber, H. H., & Krauthammer, E. (2005). *Leadership - mehr als Management Was Führungskräfte nicht delegieren dürfen* (4 Ausg.). Wiesbaden: Gabler Verlag.

Hussain, S. T., Lei, S., Akram, T., Haider,, M. J., Hussain, S. H., & Ali, M. (2018). Kurt Lewin's change model: A critical review of the role of leadership and employee involvement in organizational change. *Journal of Innovation & Knowledge, 3*(3), S. 123–127. Abgerufen am 14. März 2021 von https://doi.org/10.1016/j.jik.2016.07.002

IfM Bonn. (2021). *KMU-Definition des IfM Bonn.* (Institut für Mittelstandsforschung Bonn, Herausgeber) Abgerufen am 02. Jänner 2024 von https://www.ifm-bonn.org/definitionen-/kmu-definition-des-ifm-bonn

Juneja, P. (n. d.). *Anderson & Anderson's Change Model.* Abgerufen am 11. März 2021 von ManagementStudyGuide.com: https://www.managementstudyguide.com/anderson-and-anderson-change-model.htm

Juneja, P. (n. d.). *Contingency Model of Change Management: Dunphy and Stace's Model of Change.* Abgerufen am 11. März 2021 von ManagementStudyGuide.com: https://www.managementstudyguide.com/contingency-model-of-change-management.htm

Kerzel, M. (2017). Erfolgreich führen, wenn sich die Welt ändert - Anforderungen und Umsetzung bei Abellio Deutschland. In C. von Au (Hrsg.), *Führung im Zeitalter von Veränderung und Diversity Innovationen, Change, Merger, Vielfalt.* Springer Fachmedien Wiesbaden GmbH.

Klaffke, M. (2014). Millennials und Generation Z - Charakteristika der nachrückenden Arbeitnehmer-Generationen. In M. Klaffke (Hrsg.), *Generationen-Management* (1 Ausg.). Springer Gabler, Wiesbaden. doi:https://doi.org/10.1007/978-3-658-02325-6

KMU Forschung Austria. (2020). *www.kmuforschung.ac.at*. Abgerufen am 20. September 2020 von https://www.kmuforschung.ac.at/zahlen-fakten/kmu-daten/

Kotter, J. P. (2013). *Leading Change: Wie Sie Ihr Unternehmen in acht Schritten erfolgreich verändern (Business Essentials)* (1 Ausg.). (W. Seidenschwarz, Übers.) Verlag Franz Vahlen München. Von https://www.amazon.de/gp/product/B00BARGH90/ref=ppx_yo_dt_b_d_asin_title_o01?ie=UTF8&psc=1 abgerufen

Kouzes, J. M., & Posner, B. Z. (2007). *The Leadership Challenge* (4 Ausg.). Jossey-Bass, San Francisco.

Landes, M., & Steiner, E. (2017). Führen in und mit Emotion. In C. von Au, *Eigenschaften und Kompetenzen von Führungspersönlichkeiten*. Springer Fachmedien Wiesbaden GmbH.

Laukötter, E., & Stahl, J. (2017). Collaboration between Management and Communication Professionals: Emergence of Communication Strategies in Small- and Medium.Sized Enterprises (SMEs). *Change Management: An International Journal, 17*(3). doi:https://doi.org/10.18848/2327-798X/CGP/v17i03

Lies, J. (2018). *Leadership*. Abgerufen am 25. September 2020 von Gabler Wirtschaftslexikon Das Wissen der Experten.: https://wirtschaftslexikon.gabler.de/definition/leadership-54083/version-277137

Lindner, D. (2019). *KMU im digitalen Wandel*. Springer Fachmedien Wiesbaden. Von https://doi.org/10.1007/978-3-658-24399-9 abgerufen

Linnekogel, L. (26. November 2020). *Strategieentwicklung: 5 fundamentale Veränderungen für Unternehmen*. Abgerufen am 8. Dezember 2020 von www.onpulson.de: https://www.onpulson.de/56003/strategieentwicklung-5-fundamentale-veraenderungen/

Lobinger, S. (2019). *Change Management für Anfänger* (08/2019 Ausg.). [Kindle Ausgabe]. Von https://www.amazon.de/ gp/product/B07CZP52WT/ ref=ppx_yo_dt_b_d_asin_title_o05?ie=UTF8&psc=60 abgerufen

Lonski, A. (2018). Leadership Statements der Beitragsautoren. In C. von Au (Hrsg.), *Anreizsysteme für Leadership-Organisationen Employer Branding und Anreizsysteme der Next Practice.* Springer Fachmedien Wiesbaden GmbH.

Maxwell, J. C. (2012). *LEADERSHIP Die 21 wichtigsten Führungsprinzipien* (5 Ausg.). https://www.amazon.de/gp/ product/B008DZ6F30/ ref=ppx_yo_dt_b_d_asin_title_o07?ie=UTF8&psc=1: Brunnen Verlag Gießen.

Müller-Stewens, G. (2018). *Top-Down-Prinzip.* Abgerufen am 16. Oktober 2020 von Gabler Wirtschaftslexikon Das Wissen der Experten.: https://wirtschaftslexikon.gabler.de/ definition/top-down-prinzip-49846/version-273072

Musger, G. (2013). *www.arbeit-wirtschaft.at.* (Bundesarbeitskammer, & Ö. Gewerkschaftsbund, Herausgeber) Abgerufen am 13. Oktober 2020 von https://www.arbeit-wirtschaft.at/archiv-posts/ reflexion-und-selbstreflexion/

O'Brien, S. (2015). Innovation and Its Drivers in SMEs. *Change Management: An international Journal, 14*(3-4). Von https://www.researchgate.net/ publication/286854803_Innovation_and_its_drivers_in_ SMEs abgerufen

Pelz, W. (2017). Umsetzungskompetenz als Schlüsselkompetenz für Führungspersönlichkeiten. In C. von Au (Hrsg.), *Führung im Zeitalter von Veränderung und Diversity Innovationen, Change, Merger, Vielfalt.* Springer Fachmedien Wiesbaden GmbH.

Pelz, W. (2020). *Persönlichkeit & Charakter wirksamer*

Führungskräfte. Abgerufen am 4. Oktober 2020 von www.fuehrungskompetenzen.com: https://www.fuehrungskompetenzen.com/fuehrungskraefte-persoenlichkeit/persoenlichkeit-und-charakter.html

Pelz, W. (2021). *Persönlichkeitstest für Fach- und Führungskräfte.* Abgerufen am 24. April 2021 von www.managementkompetenzen.de: https://www.managementkompetenzen.de/persoenlichkeitstest.html#a1495

Pelz, W. (2021). *Stärken und Schwächen Liste.* Abgerufen am 24. April 2021 von www.fuehrungskompetenzen.com: https://www.fuehrungskompetenzen.com/swot-analyse/Staerken-und-Schwaechen.pdf

Reitz, K.-H. (2018). Leadership Statements der Beitragsautoren. In C. von Au (Hrsg.), *Anreizsysteme für Leadership-Organisationen Employer Branding und Anreizsysteme der Next Practice.* Springer Fachmedien Wiesbaden GmbH.

Rudnicka, J. (25. August 2023). *de.statista.com.* Abgerufen am 02. Jänner 2024 von Kleine und mittlere Unternehmen (KMU) in Deutschland: https://de.statista.com/themen/4137/kleine-und-mittlere-unternehmen-kmu-in-deutschland/#topicOverview

Salimi, S. (n. d.). *Servant Leadership: Wie funktioniert Führung im agilen Kontext?* Abgerufen am 7. März 2021 von www.agile-academy.com: https://www.agile-academy.com/de/scrum-master/servant-leadership-wie-funktioniert-fuehrung-im-agilen-kontext/

Schewe, G. (2018). *Change-Management.* Abgerufen am 25. September 2020 von Gabler Wirtschaftslexikon Das Wissen der Experten.: https://wirtschaftslexikon.gabler.de/definition/change-management-28354/version-251986

Schibl, U. M. (5. Mai 2021). Leadership in österreichischen

kleinen und mittleren Unternehmen - Funktion und Relevanz im Change Management. Österreich.

Schödlbauer, C. (2017). Professionelle Kommunikation und Feedback im heterogenen Führungsalltag. In C. von Au (Hrsg.), *Eigenschaften und Kompetenzen von Führungspersönlichkeiten*. Springer Fachmedien Wiesbaden GmbH.

Schroer, K. (n. d.). *Bottum-up Planung*. Abgerufen am 13. März 2021 von BWL-Lexikon.de: https://www.bwl-lexikon.de/wiki/bottom-up-planung/

Schroer, K. (n. d.). *Gegenstromverfahren*. Abgerufen am 13. März 2021 von BWL-Lexikon.de: https://www.bwl-lexikon.de/wiki/gegenstromverfahren/

Schroer, K. (n. d.). *Patriarchalischer Führungsstil*. Abgerufen am 14. Oktober 2020 von BWL-Lexikon.de: https://www.bwl-lexikon.de/wiki/patriarchalischer-fuehrungsstil/

Schulz, H., & Sejkora, K. (2017). Wertschätzende Führung durch Beziehungsgestaltung mit "Landkarten" aus der Transaktionsanalyse. In C. von Au, *Eigenschaften und Kompetenzen von Führungspersönlichkeiten*. Springer Fachmedien Wiesbaden Gmbh.

Seidel, A. (2017). Leadership Statements der Beitragsautoren. In C. von Au, *Eigenschaften und Kopetenzen von Führungspersönlichkeiten*. Springer Fachmedien Wiesbaden GmbH.

Statistisches Bundesamt. (2. Februar 2024). Abgerufen am 2. Februar 2024 von Kleine und mittlere Unternehmen: https://www.destatis.de/DE/Themen/Branchen-Unternehmen/Unternehmen/Kleine-Unternehmen-Mittlere-Unternehmen/_inhalt.html

Steiner, E. (2017). Leadership Statements der Beitragsautoren. In C. von Au (Hrsg.), *Eigenschaften und Kompetenzen von Führungspersönlichkeiten*. Springer Fachmedien

Wiesbaden GmbH.

Su, W., Lyu, B., Chen, H., & Zhang, Y. (2020). How does servant leadership influence employees' service innovative behavior? The roles of intrinsic motivation and identification with the leader. *Baltic Journal of Management, 15*(4). doi:10.1108/BJM-09-2019-0335

Tawalbeh, M., Weißflog, L., & Kloß, C. (2019). Digitalisierung in KMU Change Management als Grundlage. *ERP Management*(1). Abgerufen am 2. November 2020 von https://gito-verlag.de/homepage/gito/gitoshop.nsf/artikel.html/5B5CA535C0265902C12583C10055EFC6

Treichel, D. (2017). Kulturelle Diversity und transkulturelles Leadership. In C. von Au (Hrsg.), *Führung im Zeitalter von Veränderung und Diversity Innovationen, Change, Merger, Vielfalt.* Springer Fachmedien Wiesbaden GmbH.

Triebel, C. (2018). Leadership Statements der Beitragsautoren. In C. von Au (Hrsg.), *Anreizsysteme für Leadership-Organisationen Employer Branding und Anreizsysteme der Next Practice.* Springer Fachmedien Wiesbaden GmbH.

unternehmer.de. (2020). *Generation Y.* Abgerufen am 24. November 2020 von Online Marketing Lexikon: https://unternehmer.de/lexikon/online-marketing-lexikon/generation-y-millennials

VNR Verlag für die Deutsche Wirtschaft AG. (2019). *Führungsinstrumente.* Abgerufen am 24. April 2021 von www.wirtschaftswissen.de: https://www.wirtschaftswissen.de/personal-arbeitsrecht/mitarbeiterfuehrung/fuehrungsinstrumente/fuehrungsstil-auf-die-richtige-einstellung-kommt-es-an/

von Au, C. (2017). Organisationen in herausfordernden Zeiten des Wandels: Bedeutung, Verlauf und Erfolgsfaktoren in Veränderungen aus systemischer und synergetischer Sicht. In C. von Au (Hrsg.), *Führung im Zeitalter von Veränderung und Diversity Innovationen, Change, Merger,*

Vielfalt. Springer Fachmedien Wiesbaden GmbH.

von Au, C. (2018). *Anreizsysteme für Leadership-Organisationen Employer Branding und Anreizsysteme der Next Practice.* (C. von Au, Hrsg.) Springer Fachmedien Wiesbaden GmbH.

von Gunten, P. (2020). *KMU 4.0: Erfolgreich den Wandel meistern* (2 Ausg.). [Kindle Ausgabe] Verfügbar unter: https://www.amazon.de/gp/product/B086Z83878/ref=ppx_yo_dt_b_d_asin_title_o05?ie=UTF8&psc=1: buchundnetz.com.

von Schumann, K., & Böttcher, T. (2017). Führen mit Coaching-Kompetenz. In C. von Au, *Eigenschaften und Kompetenzen von Führungspersönlichkeiten.* Springer Fachmedien Wiesbaden GmbH.

von Velasco, C. (2017). Führen von und in verschiedenen Generationen. In C. von Au (Hrsg.), *Führung im Zeitalter von Veränderung und Diversity Innovationen, Change, Merger, Vielfalt.* Springer Fachmedien Wiesbaden GmbH.

Welge, K., & Käch, R. (2011). *Zukunft gestalten mit interdisziplinärem Denken und Handeln.* Abgerufen am 8. Dezember 2020 von www.kmu-magazin.ch: https://www.kmu-magazin.ch/strategie-management/zukunft-gestalten-mit-interdisziplinaerem-denken-und-handeln

Wirtschaftskammer Österreich [WKO]. (2017). *Wirtschaftskraft KMU 2018.* https://news.wko.at/news/oesterreich/wirtschaftskraft-kmu2018.pdf.

Wirtschaftskammer Österreich [WKO]. (2020). *Klein- und Mittelbetriebe (KMU): Definition.* Abgerufen am 20. September 2020 von www.wko.at: https://www.wko.at/service/zahlen-daten-fakten/KMU-definition.html

Wirtschaftskammer Österreich [WKO]. (10. November 2023). *Klein- und Mittelbetriebe in Österreich.* Abgerufen am 5. Februar 2024 von https://www.wko.at/zahlen-daten-fakten/kmu-definition

Wulf, S. (2018). Leadership Statements der Beitragsautoren. In C. von Au (Hrsg.), *Anreizsysteme für Leadership-Organisationen Employer Branding und Anreizsysteme der Next Practice.* Springer Fachmedien Wiesbaden GmbH.

Zapletalová, Š. (2017). COMPETITIVE STRATEGIES OF THE SMES: EMPIRICAL EVIDENCE FROM THE CZECH REPUBLIC. *Forum Scientiae Oeconomia, 5*(3). doi:10.23762/FSO_vol5no3_17

Zulehner, C. (28. Jänner 2021). Leadership in österreichischen kleinen und mittleren Unternehmen - Funktion und Relevanz im Change Management. (U. M. Schibl, Interviewer)

www.ingramcontent.com/pod-product-compliance
Lightning Source LLC
Chambersburg PA
CBHW071039290526
45795CB00004B/1219